Inhalt

Vorwort

I. Zum Begriff Ethik
Um was geht es in der Ethik? 5
Lexikondefinitionen zum Stichwort Ethik 6
Karl Otto Apel: Die Handlungsfelder der Ethik 7
Nicolai Hartmann: Wertfülle des Lebens und der Sinn von Ethik 8

II. Zum Begriff Religion
Zur Geschichte des Wortes „Religion" 9
Fritz Stolz: Das Problem der Unübersetzbarkeit des Wortes „Religion" in andere Sprachen 10
Beispiele der Entstehung von Religion 11
Versuche, Religion begrifflich zu fassen 12
Gustav Mensching: Religion als erlebnishafte Begegnung mit dem Heiligen 14
Kurt Goldammer: Die Mannigfaltigkeit des Religiösen und die letztliche Undefinierbarkeit von Religion 15

III. Zum Verhältnis Ethik – Religion
Rudolf Otto: Das Heilige und das Sittliche 16
Walter Schubart: Der moralüberschreitende Grundcharakter von Religion 16
Gustav Mensching: Religion ohne Ethik, Ethik ohne Religion, Ethisierung von Religion 17
Gustav Mensching: Das unterschiedliche ethische Interesse von mystischen und prophetischen Religionen 19

IV. Ethikferne Religiosität
Exkurs „Andere Länder, andere Sitten" – Zur Relativität des Ethischen: Max Himmelheber: Beobachtungen über die Moral der Eskimo und Neger 21
Beispiele „amoralischen" Verhaltens bei Natur- und Volksreligionen: Sakralmord und Menschenopfer 23
Beispiele ethikferner Gottesvorstellungen in den frühen Volksreligionen 25
Beispiele von Moral und Sittlichkeit transzendierender Religiosität in den mystischen Hochreligionen 26

V. Die Ethik der Religionen
1. Ethik der Natur- und Volksreligionen
Gustav Mensching: Die Religion der Naturvölker 31
Ethische Grundsätze bei verschiedenen Naturvölkern 32
E. Westermarck: Ähnlichkeit und Verschiedenheit von Stammes- und hochkultureller Ethik 34

2. Die Sittenlehre des alten China

Gustav Mensching: Die Religionen Chinas 35
Beispiele ethischer Grundsätze bei Konfuzius.......................... 36
Gustav Mensching: Die konfuzianische Ethik........................... 38
Ansätze für eine Ethik der Gewaltlosigkeit bei Laotse................. 39
Ernst R. Sandvoss: Laotses taoistische Ethik.......................... 39
Gustav Mensching: Zum Gegensatz zwischen taoistischer und konfuzianischer Ethik 40

3. Hinduistische Ethik

Gustav Mensching: Der Hinduismus - Die Religion des ruhenden Einen und der einenden Ruhe.. 41
Die Erfüllung des eigenen Dharma 43
Verschiedene Moralsprüche und praktische Lebensregeln 45
Klaus Klostermaier: Regeln moralischen Verhaltens.................... 46
Sünde, Strafe und Befreiung 46
Die traditionelle Rolle der Frau in Hinduismus 49
Gabriele Vensky: Zur aktuellen Situation der Frauen in Indien 49
Mahatma Gandhi: Die Religion der Nicht-Gewalt......................... 51

4. Buddhistische Ethik

Gustav Mensching: Der Buddhismus - Die Religion der Aufhebung des universalen Weltleidens... 53
Der edle, achtteilige Pfad und die vier heiligen Wahrheiten als Kern buddhistischer Ethik 54
Die Laienethik des Buddhismus 56
Die Mönchsethik des Buddhismus 57
Einige Moralsprüche aus dem Dhammapadam 59
Gustav Mensching: Der relative Wert der Ethik im Buddhismus........... 59
Horst Bürkle: Buddhas moralüberschreitende Botschaft 60
Die Wandlungen der Moralvorstellungen im späteren Mahâyâna-Buddhismus.. 60
Gustav Mensching: Die Neuerungen des Mahâyâna-Buddhismus 61
Liebe zu allen Wesen. Ein Gebet....................................... 62
Ansätze zu einer neuen Ethik im Zen-Buddhismus........................ 63
Horst Bürkle: Buddhistische Ethik heute............................... 63

5. Islamische Ethik

Gustav Mensching: Der Islam - Die Religion der vollkommenen Ergebung 65
Die religiös-ethischen Gebote des Koran............................... 67
Das islamische Glaubensbekenntnis und die fünf Grundpflichten......... 68
Johan Bouman: Die Grundlagen der islamischen Sittlichkeit 69
Sünde und Vergebung, Recht und Strafe................................. 71
Zur Stellung der Frau im Islam.. 73

6. Jüdische Ethik

Gustav Mensching: Die israelitische Religion - Die Religion des Gesetzesgehorsams 77
Die zehn Gebote (Der mosaische Dekalog)............................... 79

Helmer Ringgren: Die göttlichen Gebote 79
Sünde, ethisches Handeln und ihre Folgen 81
Lebenspraktische Regeln aus der Bibel 83
Pnina Navé: Zur Moral des Judentums 84
Johann Maier: Individuelle Frömmigkeit und kollektive Verantwortlichkeit in der jüdischen Religion 85

7. Christliche Ethik
Gustav Mensching: Das Christentum – Die Religion der Gotteskindschaft und der Liebe 87
Aus der Bergpredigt Jesu 90
Gustav Mensching: Das neue Ethos des Jesus von Nazareth 93
Zur Entwicklung der Ethikvorstellungen in der christlichen Kirche 95
Christliche Ethik heute 98
Kirchliche Stellungnahmen zu Weltentwicklung, Wettrüsten, Abtreibung und Gen-Technologie 99

Glossar 104

Vorwort

Ethische Gebote und Verbote, Pflichten und Vorschriften gab und gibt es in allen Religionen und Kulturkreisen der Erde. Die Mannigfaltigkeit hierbei mag auf den ersten Blick nicht nur irritierend erscheinen, sie wird nicht selten auch das beängstigende Gefühl aufkommen lassen, einer gedanklich und seelisch nicht mehr zu bewältigenden Willkür und Relativität des Ethischen gegenüberzustehen.
Eine genauere Betrachtung all der vielen moralischen Handlungsschemata und Einzelanweisungen allerdings läßt den um Verständnis bemühten Betrachter in keiner Weise so verwirrt und ratlos zurück, wie es zunächst den Anschein hat. Eine von dem Bemühen um Objektivität und überkonfessionelle Fairneß geprägte Zusammenschau des immensen Faktenmaterials stellt vielmehr sehr bald breite Gemeinsamkeiten der verschiedenen Moralkodizes fest. Die Wertemannigfaltigkeit verliert bei näherem Hinsehen daher alsbald ihren Schrecken.
Das Sich-Einlassen auf die faszinierende Fülle des religiös-ethischen Wertehorizontes der gesamten Menschheit und aller ihrer Kulturkreise weckt sodann aber nicht nur Aufgeschlossenheit und Toleranz gegenüber dem bislang Fremdartigen, sondern schafft auch ein besseres Verständnis für die eigene Moral und Ethik. Es hilft auch notwendige Korrekturen an dem möglicherweise zu eng gewordenen und für die gewandelte Problemlage einer pluralistischer werdenden Welt nicht mehr ganz passenden eigenen Normen- und Wertesystem vorzunehmen.
Nicht zuletzt mag die Begegnung mit einer ganzen, auf keinen einzelnen Kulturkreis eingeschränkten Ethik- und Religionsgeschichte dazu beitragen, die gerade in einer Zeit des Übergangs von nationalem zu trans-

nationalem Denken und Fühlen immer wieder gewalttätig aufbrechenden Verunsicherungen auf dem Gebiet des religiös-ethischen Meinens und Fürwahrhaltens anzugehen und die dringend benötigte gemeinsame moralische Weltkultur vorzubereiten.
Gerade die angestrebte Weite des Betrachtungshorizontes verlangt allerdings auch ein Eingehen auf das von den Kirchen gern verschwiegene Faktum, daß nicht alle Religion zu jeder Zeit und überall ein positives Verhältnis zur Ethik praktiziert bzw. angestrebt hat. Über weite Phasen der Religionsgeschichte hin war das Verhältnis zwischen Ethik und Religion vielmehr ein höchst problematisches Spannungsverhältnis. Es gab die amoralische Religiosität, die ethikferne Religion. Und in nicht wenigen religiösen Sonder- und Randgruppen gibt es sie noch heute, ebenso wie es umgekehrt die religionsferne Ethik, d. h. vor allem die kämpferische Moral des Atheismus gibt, die sich ihrerseits seit der Aufklärung nicht selten angeschickt hat, als eine Art Religionsersatz an die Stelle der herkömmlichen Religion und Konfession zu treten.
Das vorliegende Leseheft „Ethik und Religion" versteht sich primär als ein Lehrmittel für den Ethikunterricht und erst sekundär auch als eine mögliche Stütze für den Religionsunterricht. Das didaktische Konzept des Leseheftes ist entsprechend religionswissenschaftlich und nicht theologisch-religionspädagogisch ausgerichtet. Entgegen den bereits zahlreich vorliegenden theologisch-religionspädagogischen Sammelwerken zum Thema Ethik und Religion, die dem Leser meist nur das Bild eines positiven Verhältnisses zwischen Religion und Ethik vermitteln, wird in diesem Ethik-Leseheft versucht, von allen konfessionellen Verengungen zum Vorteil der eigenen Religion bzw. von Religion überhaupt abzusehen und die beiden Begriffe Ethik und Religion als auf in jeder Hinsicht völlig gleichberechtigte Sachverhalte zielend anzuerkennen. Es soll u. a. deutlich werden, daß sich die Religionen vielfach ethischer Probleme angenommen haben und von Ethik durchdrungen werden, deshalb aber noch lange nicht deren alleinige Sachwalter sind. – Ein Sachverhalt, den der Dalai Lama, das Oberhaupt des tibetanischen Buddhismus, einmal in einem Interview in die schlichten Worte gefaßt hat: „Ich glaube, es ist möglich, auch ohne Religion ein gütiges Herz zu entwickeln."
Im ***Heftaufbau*** folgen nach zwei einführenden Kapiteln zu den Begriffen Ethik und Religion im dritten Kapitel Texte, die das angesprochene Spannungsverhältnis zwischen Ethik und Religion vorstellen und erläutern sollen. Im vierten Kapitel werden ausschnitthaft Belege zusammengetragen zu dem, was oben plakativ amoralische bzw. ethikferne Religiosität genannt wurde. Im fünften Kapitel schließlich werden nach relativ festem religionsgeschichtlichem Muster die zentralen Moralvorstellungen der bekanntesten noch lebenden Religionen vorgeführt. Auf ein weiteres Kapitel, das der religionsunabhängigen Ethik gewidmet gewesen wäre, wurde verzichtet, da hierzu an anderer Stelle – z. B. in dem Leseheft „Ethik und Philosophie" – bereits Textmaterial zur Verfügung steht.
Die ***Arbeitsaufgaben*** finden sich jeweils thematisch gebündelt am Ende der einzelnen Kapitel. Ein ***Glossar*** am Ende des Heftes erklärt die Fremdworte und Sachverhalte, die in den Texten nicht erläutert sind.

I. Zum Begriff Ethik

Um was geht es in der Ethik?

In der Ethik geht es nicht um richtig oder falsch, wie z. B. in der Mathematik, sondern um gut und schlecht – allerdings in einer ganz besonderen Verwendung dieser Wörter. Daß da vor mir auf der Straße 10.000 DM liegen, ist entweder eine Täuschung oder eine Tatsache. Der Satz „da liegen 10.000 DM" ist deshalb entweder wahr (richtig), wenn es so ist, oder falsch, wenn ich mich getäuscht habe. Daß das Geld da liegt, kann gut sein, weil ich das Geld gut gebrauchen kann; es kann aber auch schlecht sein, weil ich es gerade verloren habe und jetzt im Begriffe bin, mich – ohne zu wissen, was geschehen ist – zu entfernen. In diesem Sinne beschreiben „gut" und „schlecht" meine persönliche Betroffenheit von der Tatsache, ganz ähnlich, wie wenn ich sage, der Kuchen schmeckt mir gut oder schlecht; ganz ähnlich auch, wie wenn ich sage, die Schuhe, das Auto, der Regenschirm sind gut oder schlecht; denn es ist dann die jeweilige Brauchbarkeit für meine Zwecke gemeint. Dieser Gebrauch von „gut" und „schlecht" ist ethisch uninteressant – auch dann, wenn wir objektive, von allen Menschen anerkannte Maßstäbe hätten, an denen wir messen könnten, ob der Kuchen gut schmeckt, ob ein Auto gut oder gar am besten von allen Autos funktioniert, ob die Schuhe, die ich so gerne anziehe, weil sie meinen Füßen angenehm sind, auch wirklich, d. h. ganz unabhängig von meinen persönlichen Erfahrungen, gute Schuhe sind.
Erst wenn der Finder das Geld aufhebt und sich dafür einen Kleinwagen kauft oder aber zum Fundbüro geht und es abliefert, und die Zeitung am nächsten Tag – bzw. dann, wenn die Fundunterschlagung an den Tag kommt – davon berichtet und sagt, dies war gut oder dies war schlecht, dann sind das Aussagen, mit denen sich die Ethik beschäftigt. Der Journalist, der über den Fall berichtet, will damit nämlich keineswegs sagen, daß dies für den Finder bzw. den Verlierer des Geldes gut oder schlecht war, sondern er verwendet die Wörter „gut" oder „schlecht" in einem für alle Menschen bedeutsamen Sinn.
Er will sagen, daß der Gang zum Fundbüro deshalb gut ist, weil eigentlich alle Menschen in der gleichen Situation so handeln müßten. Dabei ist es nicht entscheidend, daß er den Gang zum Fundbüro lobt. Ethisch interessant wäre auch das gegenteilige Urteil: der Gang zum Fundbüro ist schlecht, z. B. weil derjenige, der 10.000 DM so mit sich herumträgt, daß er sie verlieren kann, es nicht verdiene, für sein Fahrlässigkeit auch noch belohnt zu werden; man müsse das Geld unter den Armen verteilen. Auch diese Aussage wendet sich an alle Menschen und gibt an, was sie tun sollen, wann immer sie in eine solche Situation kommen.
Die Ethik beschäftigt sich also mit Aussagen, die eine Handlung oder die Unterlassung einer Handlung gut oder schlecht nennen, weil sie für alle Menschen, man kann sogar sagen: für die ganze Natur oder die ganze Schöpfung gut oder schlecht ist. Solche Aussagen oder Urteile stellen nicht einfach etwas fest. Sie geben zugleich eine Richtschnur für alle Handlungen dieser Art, so daß einer, der handelt, wissen kann, was er, wenn er das Gute will, tun muß, und einer, der das Schlechte tut, auch wissen kann, daß er schlecht handelt.

Aus: Reiner Baumann, Manfred Pöpperl, Fritz Zimbrich: Ethik-Unterricht. Einführung eines neuen Faches. Materialien zur Schulentwicklung, Heft 9. Hessisches Institut für Bildungsplanung und Schulentwicklung, Wiesbaden 1986, S. 5, 6

Lexikondefinitionen zum Stichwort Ethik

Ethik (vom grch. *ta ethika,* „die Sittenlehre“ [des Aristoteles]) ist die „praktische“ Philosophie, denn sie sucht nach einer Antwort auf die Frage: was sollen wir tun?
Die E. lehrt, die jeweilige Situation zu beurteilen, um das ethisch (sittlich) richtige Handeln zu ermöglichen.
Sie erzieht den Menschen zu seinem Beruf, die Welt dadurch zu vollenden, daß er das Reich des Seienden mit dem Reich des Seinsollenden überbaut. Die E. untersucht, was im Leben und in der Welt wertvoll ist, denn das ethische Verhalten besteht in der Verwirklichung ethischer Werte. Diese Werte sind sowohl in der jeweiligen Situation als auch in der Person zu finden. Die E. dient der Erweckung des Wertbewußtseins.
[...] In den Situationen des alltäglichen Lebens hat der Mensch in der Regel die Wahl zwischen mehreren Werten. Die E. setzt voraus, daß der Mensch die Möglichkeit des Wählens, daß er Freiheit hat. Die E. zeigt, daß der Mensch dann ethisch richtig handelt, wenn er denjenigen Wert verwirklicht, der zu seiner Verwirklichung das höhere Maß an ethischer Energie (z. B. Selbstlosigkeit) verlangt.
[...] Je nach ihrer Begründung ist die E. *heteronom* (fremdgesetzlich: Gott gibt das Sittengesetz) oder *autonom* (eigengesetzlich: der Mensch gibt sich das Sittengesetz), formal (ein allg. Prinzip für das sittl. Handeln aufstellend) oder material (sittliche Werte feststellend), absolut (wenn sie die Geltung der ethischen Werte als unabhängig von ihrem Erkanntwerden betrachtet) oder relativ (wenn sie die Werte als Funktion der jeweiligen Zielsetzung des Menschen betrachtet) [...].

Aus: Philosophisches Wörterbuch. Begründet von Heinrich Schmidt, durchgesehen, ergänzt und hrsg. von Georgi Schischkoff, Kröner Verlag, Stuttgart 1982, 21. Auflage, S. 170 ff.

Ethik: meist mit Moralphilosophie synonym gebrauchte Bezeichnung für die philosophische Disziplin, die die *Frage* zu beantworten sucht, an welchen Normen und Zielen (Zwecken, Werten) die Menschen ihr Handeln orientieren sollen. [...]
Die Vielzahl ethischer Positionen läßt sich ordnen nach den obersten Prinzipien, von denen her Normen, Zwecke und deren Rangordnung begründet werden. Als *Wertethik* sollen die ethischen Positionen bezeichnet werden, die einen Bereich unveränderlichen, idealen Seins jenseits des Menschen und der realen Welt behaupten; der Mensch könne das ideale Sein durch einen besonderen Erkenntnisvorgang (Ideenschau, Wertfühlen, Gewissen) erkennen; in dem Erkenntnisvorgang erfahre er nicht nur, was er tun solle, sondern auch den allgemeinen und kategorischen Anspruch des idealen Seins, durch den Menschen verwirklicht zu werden.
Als *Güterethik* sollen die ethischen Positionen bezeichnet werden, die einen in der Natur des Menschen angelegten Endzweck behaupten; auf ihn als das „höchste Gut“ strebe jeder Mensch von Natur aus hin (z. B. Gott, das Glück, die Freude, die Lust, die Selbsterhaltung, die Selbstentfaltung); der Endzweck sei durch rationale Analyse der Natur des Menschen erkennbar; Normen, Zwecke, Tugenden und ihre Rangordnung seien aus diesem Endzweck ableitbar. Insofern bei diesen ethischen Positionen Normen, Zwecke, Tugenden den Charakter des „Nützlichen“ für das Erreichen des Endzwecks haben, werden diese Positionen auch als utilitaristische bezeichnet. – Als *Formalethik* sollen die Positionen bezeichnet werden, die auf die Formulierung von sittlich verbindlichen Inhalten, also von Werten oder Gütern, verzichten und stattdessen formale Bestimmungsgründe des Wollens zum Prinzip der Beurteilung von Handlungen, Normen und Zwecken machen. Als solche formalen Bestimmungsgründe werden v. a. angegeben die Freiheit des Wollens – Handlungen sind gut, wenn sie aus Freiheit der Freiheit

wegen erfolgen (Existenzphilosophie) – und die Verallgemeinerungsfähigkeit des Gewollten, die entweder als kategorische Forderung der Vernunft (Stoa, kategorischer Imperativ) oder als Bedingung der Möglichkeit behauptenden Sprachhandelns aufgefaßt wird. Diese Positionen schreiben dem jeweiligen von ihnen als sittlich gut behaupteten Bestimmungsgrund des Wollens einen nicht begründbaren und nicht begründungsbedürftigen Verpflichtungscharakter zu, weswegen sie auch als deontologische Ethik bezeichnet werden. [...]

Aus: Schülerduden Philosophie. Hrsg. von Gerhard Kwiatkowski, Duden Verlag – Bibliographisches Institut, Mannheim 1985, S. 128–130

Karl Otto Apel: **[Die Handlungsfelder der Ethik]**

[„Warum benötigt der Mensch überhaupt so etwas wie „Ethik"?]
Wer heutzutage versucht, sich selbst unsere Ausgangsfrage versuchsweise zu beantworten, der wird an sehr verschiedenartige aktuelle Situationen denken, z. B. Situationen, in denen sich die Frage nach verbindlichen Regeln oder Normen unseres Handelns stellt. Er denkt vielleicht zunächst an die Problematik der zwischenmenschlichen Beziehungen im *Nahbereich* von Ehe, Familie, Nachbarschaft und Beruf und an andere ethische Probleme, etwa an die Diskussion um den § 218, an die moderne Sexualerziehung, an die Ehescheidung, an Partnerschaft und Konkurrenz im Berufsleben, an die Behandlung der alten Menschen und schließlich an das Verhältnis zum eigenen und fremden Tod. Möglicherweise wird man aber auch sogleich an Fragen menschlicher Beziehungen im Bereich der *Politik* denken, z. B. an die schwierigen Probleme der sozialen Gerechtigkeit einerseits und den Freiheitsgarantien in unserem Lande andererseits, oder aber an die ebenso komplexen Probleme einer verantwortlichen Vertretung nationaler Interessen im Spannungsfeld der Weltpolitik. Schließlich mag man heutzutage sogar in erster Linie an Probleme gesamtmenschlicher Verantwortung für die planetare *Ökosphäre* denken, wie sie z. B. durch den Club of Rome der Menschheit als Problem einer solidarischen Verantwortung vor Augen gestellt wurden. Man kann in diesem Zusammenhang bemerken, daß die ethischen Probleme heute zum ersten Mal eine weltweite Dimension der Auswirkung und des Risikos gewonnen haben. Denken wir nur an die Notwendigkeit internationaler Institutionen und Konferenzen etwa über Fragen der Bevölkerungspolitik, der Energie- und Entwicklungspolitik, vor allem aber an die ständige Bedrohung durch die Möglichkeit eines mit nuklearen „Waffen" geführten Vernichtungskrieges.
Es zeigt sich also, daß ethische Probleme in der Gegenwart in drei verschiedenen Auswirkungsbereichen menschlicher Handlungen auftreten:

1. in einem Nah- oder *Mikrobereich* des zwischenmenschlichen Verhaltens im Privatleben;
2. in einem Mittel- oder *Mesobereich* der Interaktion der politisch Handelnden, die etwa Gruppeninteressen oder Nationalinteressen vertreten, und
3. in einem Groß- oder *Makrobereich* der solidarischen Verantwortung für das Lebensinteresse der menschlichen Gattung, in der Gegenwart und in der Zukunft.

Aus: Funk-Kolleg Praktische Philosophie/Ethik. Dialoge, Band 1. Hrsg. von Karl Otto Apel, Dietrich Böhler und Gerd Kadelbach, Fischer Taschenbuch Verlag, Frankfurt a. M. 1984, S. 49/50

Nicolai Hartmann: [Wertfülle des Lebens und der Sinn von Ethik]

Wer an Menschen und Menschengeschicken stumpf vorübergeht, wen das Erschütternde nicht erschüttert, das Erhebende nicht erhebt, für den ist es vergeblich da im Leben, er hat keinen Teil daran. Wem das Organ fehlt für den Sinn der Lebensverhältnisse, für das unerschöpflich Bedeutungsvolle von Personen und Situationen, Verhältnissen und Geschehnissen, dem bleibt die Welt sinnlos, das Leben bedeutungslos. Die äußere Leere und Eintönigkeit seines Lebens ist der Reflex seiner inneren Leere, seiner moralischen Blindheit. Denn die wirkliche Welt, in der er steht, der Strom des Menschenlebens, der ihn trägt und mitführt, entbehrt nicht der Mannigfaltigkeit und Fülle. Sein Leerausgehen inmitten der Fülle ist seine eigene Verkennung des Lebens. So ist es für das moralische Wesen des Menschen immer eine zweite, neben der engen Aktualität des Tuns und Sollens bestehende Anforderung: teilzuhaben an der Fülle, empfänglich zu sein für das Bedeutsame, offen zu stehen allem Sinn- und Wertvollen.

[...] Und hier ist nun alles gelegen an der Kraft, Tragweite und richtigen Orientiertheit des Wertgefühls. Das gewöhnliche Phänomen ist die Enge des Wertgefühls, die Engherzigkeit, der Mangel an Fühlung mit dem erfaßbaren Umkreis des Wirklichen. Den Meisten ist die Grenze der engsten Lebensinteressen, der aktuellsten, vom Drange des Augenblicks diktierten Ichbeziehung zugleich die Grenze ihrer moralischen Welt. Ihr Leben ist ein beschränktes, verkleinertes Leben, ein verschrumpftes Zerrbild des Menschentums.

[...] Die Stumpfheit des Wertgefühls trägt den Stempel des inneren Elends an der Stirn. Sie rächt sich unmittelbar am Menschen. Ihr entspricht die moralische Armut, die Lebensleere. Für sie ist die Drangsal des Daseins eine Last, um die sich das Leben nicht verlohnt. Nicht von der Überfülle des Lebens kommt der Lebensüberdruß, sondern von der Verarmung des Lebens.

Und in welchem schreienden Widerspruch steht die Verarmung zum Reichtum des wirklichen Lebens, zum Leben, das immer da ist und mit aller Fülle uns umgibt! Die Tragik des Menschen ist die des Verhungernden, der an der gedeckten Tafel sitzt und die Hand nicht ausstreckt, weil er nicht sieht, was vor ihm ist. Denn die wirkliche Welt ist unerschöpflich an Fülle, das wirkliche Leben ist wertgetränkt und überströmend, und wo wir es fassen, da ist es voller Wunder und Herrlichkeit.

Diese Sätze lassen sich freilich nicht „beweisen". Wie man denn niemandem beweisen kann, daß es das gebe, was er zu sehen außerstande ist. Und ob hier einer dem anderen den Star stechen kann – ob gar die Ethik als Wissenschaft es kann – das freilich muß fraglich bleiben. Überhaupt aber ist ein Sehenlernen sehr wohl möglich, ein Erwecken der Fühlungnahme, ein Bilden und Erziehen des Wertorgans. Es gibt ein sittliches Führen, ein Hineinführen in die Wertfülle des Lebens, ein Öffnen des Auges durch eigenes Sehen, ein Anteilgeben durch eigenes Anteilhaben. Es gibt Erziehung zum Menschentum, so gut wie es Selbsterziehung zu ihm gibt.

Aus: Nicolai Hartmann, Ethik (1925). Verlag de Gruyter, Berlin 1962, 4. Auflage, S. 8–12

Aufgaben zu Teil I: Zum Begriff Ethik

▷ Auf dem Büchermarkt, in den Feuilletons der Tages- und Wochenpresse, auf Tagungen und Kongressen hat das Thema Ethik (in der Religion, in der Politik, im Wirtschaftsleben, im Kultur- und Kunstbetrieb etc.) z. Z. Hochkonjunktur. Wie konnte es zu einer solchen Wiederbelebung ethischer Fragestellungen kommen, wo doch die Ethik noch vor wenigen Jahren eher als trocken und lebensfern angesehen wurde und entsprechend wenig Beachtung fand?

▷ Erläutern Sie anhand des Textes auf S. 5 den unterschiedlichen Gebrauch der Wörter „gut" und „schlecht". Ziehen Sie daraus Schlüsse für die Definition des Begriffs Ethik.

▷ Ethik sei „praktische" Philosophie, heißt es in dem Lexikonartikel auf Seite 6 oben. Was wäre im Gegensatz dazu unter „nichtpraktischer", also „theoretischer" Philosophie zu verstehen? D. h. erörtern Sie den Fächerkanon der Philosophie und fügen Sie in ihn die Ethik als philosophische Teildisziplin ein.

▷ Versuchen Sie – in Anlehnung an die zitierten Texte – eine eigene Definition des Ethikbegriffs.

▷ Der zeitgenössische Philosoph Niklas Luhmann versteht unter Moral „eine besondere Art von Kommunikation, die Hinweise auf Achtung oder Mißachtung mitführt" (FAZ, 28.12.1988, S. 3). Was könnte Luhmann mit dieser Kurzdefinition von Moral gemeint haben? In welchem Verhältnis stehen die Begriffe Ethik und Moral zueinander?

▷ Ordnen Sie den beiden Begriffen Ethik und Moral die Begriffe Sitte und Brauch bzw. Sitten und Gebräuche zu. Diskutieren Sie die inhaltlichen Gemeinsamkeiten und Unterschiede.

II. Zum Begriff Religion

Zur Geschichte des Wortes „Religion"

Religion. Zur Bestimmung des Wesens der R. mag bei der unübersehbaren Fülle ihrer Definitionen am nächsten liegen, vom Wort R. auszugehen. Cicero leitet es ab von religere, dessen Sinn sich am besten aus seinem Gegenteil negligere = vernachlässigen ergibt [...]. Dagegen soll nach dem christl. Rhetor Lactantius R. von religare = binden kommen: der Mensch ist „Gott durch ein Band der Frömmigkeit verbunden"; hier erschließt sich der innere Bereich menschl. Gefühlsbedingtheit, und darin ergänzen sich beide Ableitungen, daß sie auf die Doppelseitigkeit des Charakters der R. hinweisen, ihres objektiven und ihre subjektiven. [...]

Aus: Wörterbuch der Religionen, begründet von Alfred Bertholt, hrsg. von Kurt Goldammer, Kröner Verlag, Stuttgart 1962, 2. Auflage, S. 461

Fritz Stolz: [Das Problem der Unübersetzbarkeit des Wortes „Religion" in andere Sprachen]

„Religion" ist für uns zunächst einmal umgangssprachlicher Begriff für das, was wir als Religion erfahren. Es ist also eine Sammelbezeichnung für das Christentum mit seinen Werten und Erscheinungsformen sowie Analogieerscheinungen in anderen Kulturen. Auffällig ist allerdings, daß in andern Kulturen häufig ein entsprechender Begriff fehlt. Im klassischen Griechentum beispielsweise findet sich eine Reihe von Ausdrücken, die verschiedene Einzelelemente bezeichnen, aus denen nach unserem Verständnis Religion konstituiert ist. Beispiele: *eusebeia* meint ungefähr Ehrfurcht, wie sie insbesondere (aber nicht nur) den Göttern gegenüber gilt. [...] *threskeia* bezeichnet den heiligen Dienst, ein religiöses Gebot in einer ganz konkreten Angelegenheit. [...] *sebos* umschreibt die Scheu und ehrfurchtsvolle Zurückhaltung, die Göttern und ehrwürdigen Menschen gegenüber angezeigt ist. Ein Moment des Staunens und der Bewunderung schwingt mit. *latreia* bezeichnet zunächst den Dienst um Lohn, und zwar in ganz profanen Zusammenhängen. Freilich wird der Begriff dann auch auf den kultischen Lebensbereich übertragen, besonders im Bereich des hellenistischen Judentums. Fast alle diese Ausdrücke werden nicht nur in dem Bereich verwendet, den wir als „Religion" bezeichnen würden. Es zeigt sich also, daß wir mit der Verwendung der Bezeichnung „Religion" im Griechentum einen Bereich ausgrenzen, der in der dortigen Kultur selbst – jedenfalls sprachlich – nicht in der Weise abgegrenzt ist, wie wir dies voraussetzen. Entsprechendes gilt erst recht für Religionen schriftloser Kulturen. Ganz anders ist der Sachverhalt etwa im Islam, und zwar bereits bei Mohammed. Im Koran findet sich der Ausdruck *din,* der ursprünglich die Bedeutung „Sitte, Brauch, Recht" hat, sich dann aber auch zu einer Bezeichnung für „Religion" entwickelt. Im altarabischen Bereich leben festumrissene Religionen mit konkurrierendem Geltungsanspruch nebeneinander. Neben der altarabischen traditionellen Religion finden sich Judentum und Christentum. Anders als im klassischen Griechenland, wo verschiedene Kulte friedlich und ohne nennenswerte Konkurrenz koexistieren, grenzen sich hier Religionen (und darüber hinaus Kulturen) voneinander ab. Durch dieses Nebeneinander bekommt der Ausdruck *din* die Bedeutung, die wir mit „Religion" meinen; aber *din* meint gleichzeitig mehr als „Religion", es geht um unterschiedliche religiös geprägte Lebensweisen und Kulturformen.

Nochmals anders liegen die Verhältnisse in Indien, dessen Religionen man häufig summarisch als „Hinduismus" bezeichnet. Genau besehen ist dieser Hinduismus jedoch so vielfältig, daß man von einem ganzen Komplex von Religionen sprechen könnte, deren einigendes Band gar nicht einfach darzustellen wäre. Fragt man nun nach der hinduistischen Entsprechung dessen, was wir „Religion" nennen, so bieten sich verschiedene Ausdrücke an. *dharma* meint die Summe der Regeln, welche das religiöse und soziale Leben bestimmen. Andererseits ist es für eine elitäre indische Religiosität typisch, daß man – in einem gewissen Alter – gerade dieses regulierte Leben hinter sich lassen will; dafür steht der Ausdruck *moksa,* „Erlösung". Sowohl *dharma* als auch *moksa* sind außerordentlich vielgestaltig; sie richten sich im einen Fall nach der sozialen Stellung des einzelnen, im anderen nach dem methodischen und konzeptuellen Weg, mit dem dieser über den Kreislauf des Daseins hinausgelangen will.

Aus: Fritz Stolz, Grundzüge der Religionswissenschaft. Vandenhoek & Ruprecht, Göttingen 1988, S. 10–11

Beispiele der Entstehung von Religion

Jakobs Traum von der Himmelsleiter

10 Jakob aber zog aus von Beerseba und machte sich auf den Weg nach Haran.
11 Da traf es sich, dass er an die [heilige] Stätte [von Bethel] kam, und er blieb
daselbst übernacht; denn die Sonne war untergegangen. Und er nahm einen von
den Steinen der Stätte, tat ihn unter sein Haupt und legte sich an dieser Stätte
schlafen. 12 Da träumte ihm, eine Leiter sei auf die Erde gestellt, die mit der
Spitze an den Himmel rührte, und die Engel Gottes stiegen daran auf und
nieder. 13 Und siehe, der Herr stand vor ihm und sprach: Ich bin der Herr, der Gott
deines Vaters Abraham und der Gott Isaaks; das Land, auf dem du ruhst, will ich
dir und deinen Nachkommen geben. 14 Und deine Nachkommen sollen [zahl-
reich] werden wie der Staub der Erde; gegen Abend und Morgen, gegen Mitter-
nacht und Mittag sollst du dich ausbreiten, und mit deinem und deines
Geschlechtes Namen werden sich Segen wünschen alle Geschlechter der
Erde. 15 Siehe, ich bin mit dir und will dich behüten allenthalben, wo du hin-
ziehst, und dich in dieses Land zurückbringen. Denn ich will dich nicht verlassen,
bis dass ich getan, was ich dir verheissen habe. 16 Als Jakob von seinem Schlaf
erwachte, sprach er: Fürwahr, der Herr ist an dieser Stätte, und ich wusste es
nicht. 17 Und er fürchtete sich und sprach: Wie furchtbar ist diese Stätte! Hier ist
nichts anderes als Gottes Haus, hier ist die Pforte des Himmels. 18 Am andern
Morgen aber in der Frühe nahm Jakob den Stein, den er unter sein Haupt gelegt
hatte, richtete ihn auf als Malstein und goss Oel oben darauf; 19 und er nannte die
Stätte Bethel [d. i. Gotteshaus]. Früher aber hiess die Stadt Lus.

Aus: Das Alte Testament (1. Mose, 28,10–19), in: Zürcher Bibel. Verlag der Zwingli-Bibel, Zürich 1942–1970, S. 29

Gautama Buddhas Aufbruch

Ich war verwöhnt, sehr verwöhnt. Ich salbte mich nur mit Benares-Sandel und kleidete mich nur in Benares-Tuch. Bei Tag und Nacht wurde ein weißer Sonnenschirm über mich gehalten. Ich hatte einen Palast für den Winter, einen für den Sommer und einen für die Regenzeit. In den vier Monaten der Regenzeit verließ ich den Palast überhaupt nicht und war von weiblichen Musikanten umgeben. Obwohl ich so sehr verwöhnt war, kam mir der Gedanke: „Wenngleich der gewöhnliche, weltlich-denkende Mensch selbst dem Alter, der Krankheit, dem Tode unterworfen ist, fühlt er doch Widerwillen, wenn er einen anderen gealtert, krank oder als Toten sieht. Auch ich bin so, und das ist meiner nicht würdig." Als ich dies bedachte, schwand mir alle Freude an Jugend, Gesundheit und Leben. Da dachte ich: „Wie, wenn ich, der ich das Übel von Alter, Krankheit, Tod erkannt habe, nach dem suchen würde, was von ihnen frei ist, nach dem höchsten Frieden, nach dem Nirwana?" Und ein Jüngling mit schwarzen Haaren, schor ich mir Haar und Bart, obwohl meine Eltern darüber weinten, legte die gelben Gewänder des Asketen an und zog aus der Heimat in die Heimatlosigkeit.

Aus: Anguttara-Nikaya, 3,38 in der Übersetzung von Helmuth von Glasenapp; vgl. H. v. Glasenapp, Der Pfad zur Erleuchtung. Grundtexte der buddhistischen Heilslehre, Diederichs Verlag, Düsseldorf 1956, S. 27–28

Versuche, Religion begrifflich zu fassen

a) aus christlich-theologischer Sicht:

Ordo hominis ad Deum (sinngemäß übersetzt: sittliche Zuordnung des Menschen zu Gott).
Thomas von Aquin, Theologe und Philosoph (1225–1274)

Also daß einen Gott haben nichts anderes ist, denn ihm von Herzen glauben und trauen.
Martin Luther, Reformator (1483–1546)

Jede Religion ist falsch, die als Glauben nicht einen Gott als Urgrund aller Dinge verehrt und als Moral nicht einen einzigen Gott als Inhalt aller Dinge liebt.
Blaise Pascal, Philosoph (1623–1662)

Religion ist, alles Beschränkte nicht in seinem Gegensatz gegen anderes, sondern als eine Darstellung des Unendlichen in unser Leben aufnehmen und uns davon bewegen lassen. Religion ist weder Denken noch Handeln, sondern Anschauung und Gefühl (d. h. aber, als solches neben Metaphysik und Moral ein wesentliches und notwendiges Drittes des menschlichen Geistes. Religion ist das Gefühl schlechthinniger Abhängigkeit.
Friedrich Ernst Daniel Schleiermacher, Theologe und Philosoph (1768–1834)

Religion ist eine Angelegenheit, man muß geradezu sagen, *die* Angelegenheit des gottlosen Menschen. Die Wirklichkeit der Religion ist das Entsetzen des Menschen vor sich selbst. – Jesus Christus aber ist der neue Mensch jenseits des menschenmöglichen Menschen, jenseits vor allem des frommen Menschen.
Karl Barth, Theologe (1886–1968)

Religion ist die in einer Tradition und Gemeinschaft sich lebendig vollziehende (in Lehre, Ethos und meist auch Ritus) sozial-individuell realisierte Beziehung zu etwas, was den Menschen und seine Welt übersteigt oder umgreift: zu einer wie immer zu verstehenden allerletzten wahren Wirklichkeit (das Absolute, Gott, Nirvana). Im Unterschied zur Philosophie geht es in der Religion um Heilsbotschaft und Heilsweg zugleich.
Hans Küng, Theologe (geb. 1928)

b) aus philosophisch-religionskritischer Sicht

Religion ist die Gesetzgebung der Vernunft, um der Moral durch die aus dieser selbst erzeugten Idee von Gott auf den menschlichen Willen zur Erfüllung aller seiner Pflichten Einfluß zu geben. Sie ist derjenige Glaube, der das Wesentliche aller Verehrung Gottes in die Moralität des Menschen setzt. [...] Erkenntnis aller unserer Pflichten als göttlicher Gebote.
Immanuel Kant, Philosoph (1724–1804)

Religion ist Wissen des endlichen Geistes von seinem Wesen als absoluter Geist. Sie ist Selbstbewußtsein Gottes im Menschen in der Form der Vorstellung. Das Wissen des Menschen von Gott ist das Wissen Gottes von sich selbst.
Georg Wilhelm Friedrich Hegel, Philosoph (1770–1831)

Das göttliche Wesen ist nichts anderes als das menschliche Wesen oder besser: das Wesen des Menschen, gereinigt, befreit von den Schranken des individuellen Menschen, verobjektiviert, d. h. angeschaut und verehrt als ein anderes, von ihm unterschiedenes, eignes Wesen – alle Bestimmungen des göttlichen Wesens sind darum menschliche Bestimmungen.
Die Religion ist die Entzweiung des Menschen mit sich: Er setzt sich Gott als ein ihm entgegengesetztes Wesen gegenüber.
Das Wissen des Menschen von Gott ist das Wissen des Menschen von sich selbst.
Ludwig Feuerbach, Philosoph (1804–1872)

Nun ist alle Religion nichts andres als die phantastische Widerspiegelung, in den Köpfen der Menschen, derjenigen äußern Mächte, die ihr alltägliches Dasein beherrschen, eine Widerspiegelung, in der die irdischen Mächte die Form von überirdischen annehmen.
Friedrich Engels, Philosoph (1820–1895)

Die Religion ist der Seufzer der bedrängten Kreatur, das Gemüt einer herzlosen Welt, wie sie der Geist geistloser Zustände ist. Sie ist das Opium des Volks.
Die Aufhebung der Religion als des illusorischen Glücks des Volkes ist die Forderung seines wirklichen Glücks. Die Forderung, die Illusionen über seinen Zustand aufzugeben, ist die Forderung, einen Zustand aufzugeben, der der Illusion bedarf. Die Kritik der Religion ist also im Keim die Kritik des Jammertales, dessen Heiligenschein die Religion ist.
Karl Marx, Philosoph (1818–1883)

Das Christentum war bisher die verhängnisvollste Art von Selbst-Überhebung. Menschen, nicht hoch und hart genug, um am Menschen als Künstler gestalten zu dürfen; Menschen, nicht stark und fernsichtig genug, um, mit einer erhabenen Selbstbezwingung, das Vordergrund-Gesetz des tausendfältigen Mißratens und Zugrundegehns walten zu lassen; Menschen, nicht vornehm genug, um die abgründlich verschiedne Rangordnung und Rangkluft zwischen Mensch und Mensch zu sehn – solche Menschen haben, mit ihrem „Gleich vor Gott“, bisher über dem Schicksal Europas gewaltet, bis endlich eine verkleinerte, fast lächerliche Art, ein Herdentier, etwas Gutwilliges, Kränkliches und Mittelmäßiges herangezüchtet ist, der heutige Europäer...
Friedrich Nietzsche, Philosoph (1844––1900)

Die religiösen Lehren sind sämtlich Illusionen, unbeweisbar, niemand darf gezwungen werden, sie für wahr zu halten, an sie zu glauben. Einige von ihnen sind so unwahrscheinlich, so sehr im Widerspruch zu allem, was wir mühselig über die Realität der Welt erfahren haben, daß man sie – mit entsprechender Berücksichtigung der psychologischen Unterschiede – den Wahnideen vergleichen kann.
Sigmund Freud, Psychoanalytiker (1856–1939)

Gustav Mensching: **Religion als erlebnishafte Begegnung mit dem Heiligen**

Religion ist erlebnishafte Begegnung mit dem Heiligen und antwortendes Handeln des vom Heiligen bestimmten Menschen. Diese Definition, in der zwei in jeder Religion enthaltene Grundelemente, Begegnung mit dem Heiligen und Antwort des Menschen, unterschieden werden, scheint uns hinreichend weit, um die Mannigfaltigkeit aller geschichtlichen Religionen zu umfassen; denn diese Definition enthält mit Absicht für die beiden Grundelemente aller Religionen *nur formale Strukturbezeichnungen* für Beziehungen zum Heiligen, die in der geschichtlichen Wirklichkeit mit sehr verschiedenen Gehalten erfüllt sein können. „Begegnung mit dem Heiligen“ kann, abgesehen davon, daß es sich bei dem begegnenden Heiligen um *den* Heiligen, um *das* Heilige und um *die* Heiligen handeln kann, in sehr verschiedener Weise erfolgen und an sehr verschiedenen Objekten. Begegnung mit dem Heiligen kann z. B. vorliegen als religiöse Erkenntnis, als Schau, als gläubige Erfahrung, als gehörtes Wort, als innerlichste Erleuchtung usw. Und hinsichtlich der Divinationsobjekte, d. h. der Objekte, an denen und durch die Begegnung mit dem Heiligen geschehen kann, mag man an Goethes Wort denken „Alles Vergängliche ist nur ein Gleichnis“; denn schlechthin alles irdisch Gegebene kann gegen ein Heiliges in personaler oder impersonaler, in singularischer oder pluralischer Fassung transparent werden. Die dem religiösen Menschen nächste und zu allen Zeiten nahe bleibende Objektsphäre, durch die hindurch numinose Wirklichkeit von ihm gewittert und erfahren wird, ist die Natur mit ihrer bunten Gestaltenfülle und ihren tief geheimnisvollen Vorgängen. Divinationsobjekte sind weiterhin das Geschehen in der jeweils eigenen Volksgeschichte, schicksalhafte Ereignisse des eigenen persönlichen Lebens, Worte und Taten der großen Gottesmänner usw. Auf allen diesen Objektgebieten kann sich Begegnung mit dem Heiligen ereignen, und die Religionsgeschichte bezeugt, daß solche Begegnungen stattgefunden haben und Ausgangsbasis für Religionsbildungen geworden sind; denn auf diese wie immer geartete Begegnung folgt eine Antwort seitens der vom Heiligen bestimmten Menschen.

Auch dieses zweite der beiden Grundelemente aller Religion, das „antwortende Handeln des vom Heiligen bestimmten Menschen“ ist in einer formalen Weise ausgesprochen; denn unter antwortendem Handeln kann die ganze Fülle kultischer, magischer und ethischer Akte, ja auch die unendliche Vielfalt mythischer, begrifflicher und künstlerischer Ausdrucksbildungen verstanden werden. Wenn man so Religion versteht, dann wird verständlich, daß Religion nur geschichtlich wirklich ist in einer Vielzahl von Religionen, in denen sowohl die Art der Begegnung mit dem Heiligen als auch die Antwort des Menschen auf diese Begegnung sehr verschieden sein kann. Jede Religion hat daher ihre eigene „Lebensmitte“. Wir verstehen unter „Lebensmitte“ die jeweilige Besonderheit sowohl der Begegnung mit dem Heiligen als auch der Antwort auf sie. Zugleich aber soll mit dem Begriff der Lebensmitte ausgedrückt werden, daß Religionen Lebensformen sind und nicht konstruierte Systeme intellektuell erfaßbarer, lehr- und lernbarer Wahrheiten.

Aus: Gustav Mensching, Die Religion. Schwab Verlag, Stuttgart 1959, S. 18–20

Kurt Goldammer: **[Mannigfaltigkeit und letztliche Undefinierbarkeit von Religion]**

Religion kann im Grunde nur von der Erkenntnis ihrer *Mannigfaltigkeit* her begriffen werden. Es gibt *nicht eine Religion, sondern nur Religionen,* nicht ein stets gleiches Religiöses, sondern nur eine vielgestaltige Religiosität im Reichtum und in der Wandelbarkeit ihrer Formen. Diese Formen prägen sich manchmal sehr fest aus, oft für Jahrhunderte und Jahrtausende der geschichtlichen Entwicklung. An ihnen orientieren sich dann ungezählte Generationen religiöser Menschen. Oft sind sie aber sehr labil und rasch veränderlich, ja vergänglich. Sie wachsen, verkümmern und schwinden wieder. Ihr Kern ist wesensverwandt. Im Äußeren aber variieren sie beträchtlich. Und man wird sich hüten müssen, sie von irgendeiner Schablone her einzuordnen. Vielmehr muß man sie in ihrem Einzelvorkommen betrachten und möglichst jeweils aus sich selbst und aus ihrem Zusammenhang heraus zu erklären und zu verstehen suchen.
Der Begriff der Religion ist also im Grunde wissenschaftlich *nicht definierbar,* weil Religion ein existenz- und situationsbezogenes irrationales Phänomen ist, eine Funktion des Menschen und unseres Menschseins, die es außerhalb der Welt des Menschen nicht gibt, und die deshalb als eine spezifische Äußerung des Humanum betrachtet werden muß, die uns aber nie als etwas Einheitliches und Eindeutiges entgegentritt.

Aus: Kurt Goldammer, Die Formenwelt des Religiösen. Kröner Verlag, Stuttgart 1960, S. 9

Aufgaben zu Teil II: Zum Begriff Religion

▷ In dem Artikel zur Geschichte des Wortes „Religion" wird von der Doppelseitigkeit der Religion, d. h. von ihrem objektiven und subjektiven Charakter gesprochen. Was könnte damit gemeint sein? Weisen Sie den angesprochenen Doppelcharakter von Religion anhand einer Lektüre der Texte von Stolz, Mensching und Goldammer nach.

▷ Der evangelische Theologe Karl Barth wertet den Begriff Religion zugunsten des Begriffs Glauben so radikal ab, daß sein zitierter Definitionsversuch von Religion ohne Zögern in die unmittelbare Nähe zu den Definitionen von Feuerbach, Engels, Marx und Freud gerückt werden darf. Welchen Mißverständnissen könnte seine Definition von Religion hierbei sowohl aus der Sicht atheistischer Religionskritik als auch aus der Sicht der anderen Konfessionen und Religionen leicht ausgesetzt sein?

▷ Versuchen Sie eine Kritik der Kantischen Religionsdefinition (S. 12).

▷ Stellen Sie einen differenzierenden Vergleich an zwischen den verwandten Religionsdefinitionen von Feuerbach, Engels, Marx und Freud.

▷ Nietzsche wird bisweilen als Wegbereiter nationalsozialistischen Gedankenguts gesehen. Inwiefern könnte dieses Nietzsche-Bild durch den wiedergegebenen Text Bestätigung finden?

▷ Wenn Religion, wie Kurt Goldammer behauptet, wissenschaftlich im Grunde nicht zu definieren ist, wie soll man sich dann in Sachen Religion verständigen?

▷ Erarbeiten Sie – wieder in Anlehnung an die zitierten Texte – eine eigene Definition des Religionsbegriffs.

III. Zum Verhältnis Ethik – Religion

Rudolf Otto: [**Das Heilige und das Sittliche**]

Etwas als ‚heilig' erkennen und anerkennen, ist in erster Linie eine eigentümliche Bewertung, die *so* nur auf religiösem Gebiete vorkommt. Sie greift zwar alsbald auf anderes, z. B. auf die Ethik, über, aber sie entspringt nicht selber aus anderem. Sie hat als solche ein völlig artbesonderes Moment in sich, das sich dem Rationalen entzieht. [...]
Diese Behauptung wäre nun von vornherein falsch, wenn das Heilige das wäre, als was es in manchem Sprachgebrauche, im philosophischen und gewöhnlich auch noch im theologischen, genommen wird. Wir haben uns nämlich gewöhnt, ‚heilig' in einem Sinne zu gebrauchen, der ein durchaus übertragener, keineswegs sein ursprünglicher ist. Wir verstehen es nämlich gewöhnlich als das absolute *sittliche* Prädikat, als vollendet *gut*. So nennt Kant einen heiligen Willen, den Willen, der aus Antrieb der Pflicht ohne Wanken dem moralischen Gesetz gehorcht: das würde aber einfach der vollkommene moralische Wille sein. So redet man auch von der Heiligkeit der Pflicht oder des Gesetzes, wenn man nichts anderes meint, als eben ihre praktische Notwendigkeit, ihre allgemeingültige Verbindlichkeit. Aber ein solcher Gebrauch des Wortes heilig ist nicht streng. Heilig schließt zwar alles dieses mit ein, enthält aber, auch noch für unser Gefühl, einen deutlichen Überschuß, den es hier zunächst zu *besondern* gilt. Ja, die Sache liegt vielmehr so, daß das Wort heilig und seine sprachlichen Gleichwerte im Semitischen, Lateinischen, Griechischen und in anderen alten Sprachen zunächst und vorwiegend *nur* diesen Überschuß bezeichneten und das Moment des Moralischen überhaupt nicht oder nicht von vornherein und niemals ausschließlich befaßten. Da unser Sprachgefühl heute zweifellos immer das Sittliche unter Heilig einbezieht, so wird es dienlich sein, bei Aufsuchung jenes eigentümlichen Sonder-Bestandteiles, wenigstens für den vorübergehenden Gebrauch unserer Untersuchung selbst, einen besonderen Namen dafür zu erfinden, der dann bezeichnen soll das Heilige *minus* seines sittlichen Momentes und, wie wir nun gleich hinzufügen, minus seines rationalen Momentes überhaupt.
[...] Ich bilde hierfür zunächst das Wort: das *Numinöse.* [Von numen (lat.): Wille, Auftrag, Gebot, besonders göttlicher Wille, göttliches Walten.] [...]

Aus: Rudolf Otto, Das Heilige, Beck Verlag, München 1963, 35. Auflage, S. 5–7

Walter Schubart: [**Der moralüberschreitende Grundcharakter von Religion**]

Je weiter sich der Mensch vom Ursprung der Religion entfernt, um so mehr beraubt er sie ihrer unheimlichen Seiten. Die R e l i g i o n löst sich in E t h i k, das Heilige in das Sittlich-Vollkommene auf. Kant und der spätere Protestantismus bedeuten ein besonders markantes Stück des Abweges von der religiösen Dämonie in die kühle gemäßigte Zone der bloßen Moral. Zu gleicher Zeit und im Zuge der gleichen Entwicklung verflacht das tragische Theater mit seiner religiösen

Stimmungsmacht zur „moralischen Anstalt". Das tabu-Erlebnis mit seinen Schauern verflüchtigt sich zu ethisch-praktischer Erörterung. Dem heutigen Menschen, besonders in den nördlichen Ländern, ist es überaus schwer, die Dämonie als Quelle der Religion zu bejahen und die ursprüngliche Einheit des Dämonischen und des Religiösen nachzuempfinden. Deshalb kann nicht oft genug wiederholt werden: Die Religion entfaltet sich – wie der Eros – jenseits von Gut und Böse. Sie hat sich im Lauf ihrer Geschichte in mannigfacher Weise mit der Ethik auseinandergesetzt und verbunden. Aber ihrem Wesen nach lebt sie außerhalb der Moral. Das Heilige geht nicht restlos in Gut auf. Andrerseits unterhält das Heilige geheime Beziehungen zum Bösen – über Reue, Buße und Wiedergeburt. Ihren übermoralischen Charakter offenbart die Religion selbst auf dem höchsten Gipfel, den sie bisher erreicht hat: Der christliche Agape-Gedanke hebt die Bewertung nach sittlichen Maßstäben, nach Recht und Unrecht auf.

Aus: Walter Schubart, Religion und Eros, Beck Verlag, München 1952, 3. Auflage, S. 10

Gustav Mensching: **Religion ohne Ethik, Ethik ohne Religion, Ethisierung von Religion**

1. **Religion ohne Ethik.** – Die erste mögliche Beziehung [von Ethik und Religion] ist die der Beziehungslosigkeit d. h. wir finden in der Religionsgeschichte Religion ohne Ethik. Schon oben wurde gelegentlich davon gesprochen, daß in den Frühformen der Religion ein Ethos nicht bekannt ist. Das liegt durchaus im Wesen der Religion selbst. Wir definierten Religion als Begegnung mit dem Heiligen und als antwortendes Handeln des vom Heiligen bestimmten Menschen. Religion ist also weder „Denken" noch „Handeln", um mich der von Schleiermacher in der zweiten Rede über die Religion als Wesenbestimmungen der Religion abgelehnten Begriffe zu bedienen. Wir haben uns also abzugrenzen sowohl gegen die Auffassung, als sei Religion wesentlich eine bestimmte Weltanschauung, so sicher jede Religion eine Weltanschauung aus sich entwickelt, als auch gegen die Ansicht, daß Religion wesentlich die Erkenntnis unserer ethischen Pflichten als göttlicher Gebote sei (wie Kant das Verhältnis definierte), so sicher auch hier zu sagen ist, daß höhere Religionen in ein bestimmtes Verhältnis zur Ethik treten. Zum Wesen der Religion gehört das Ethos aber ohne Frage nicht. In unserer Definition ist zwar ein Handeln als Antwort auf die Begegnung mit dem Heiligen enthalten, aber dieses Handeln ist primär kein ethisches sondern kultisch-magisches Handeln. Wir wollen unter reinem Ethos nur das Handeln nach an sich gültigen Normen für Gesinnung und Verhalten verstehen. Das schließt nicht aus, daß in der Religionswelt vielfach das Ethos nicht „rein" vorkommt; denn nicht selten wird das „Gutsein" im Sinne des Ethos nicht um des Guten an sich willen sondern um außerethischer Ziele willen erstrebt. Gleichwohl handelt es sich hier um ein eigenes Reich *ethischer* Werte, die man nicht mit z. B. magisch-religiösen Werten unter die gleiche Kategorie des Ethischen subsummieren darf. Konkret gesprochen: das Handeln, um bestimmten Tabu-Vorschriften zu genügen, ist kein *ethisches* Handeln, weil die vermeintlichen oder

wirklichen Mächte, auf die handelnd reagiert wird, etwas prinzipiell Anderes sind als die an sich seienden und als Sollen geahnten ethischen Werte. Es geht also nicht an, zu sagen, wer heilige tabuierte Orte mit den vorgeschriebenen Schutzhandlungen betritt, ist „gut" im Sinne der Primitivreligion. Gutsein heißt seinen Willen an ethischen Werten orientieren, aus welchen Motiven immer das geschehen mag. Wir stellen also fest, daß zum Wesen der Religion das ethische Handeln nicht gehört. Das schließt zweierlei nicht aus: daß Religion zur Ethik führen kann, mag sie nun auf dem Boden der Religion entspringen oder aus außerreligiösen Bezirken übernommen werden. Darüber hinaus gibt es Hochreligionen, deren eigentümliches Wesen geradezu darin besteht, sich im Ethischen auszuwirken, während andere Hochreligionen das Gebiet des Ethischen auf ihren höchsten Erlösungsstadien hinter sich lassen und den Erlösten jenseits von Gut und Böse führen. [...]
2. Die zweite Form der Beziehung von Religion und Ethik ist in der **Ethik ohne Religion** gegeben. Damit soll gesagt werden, daß ethische Werterkenntnis nicht auf den Boden der Religion beschränkt ist. Ethische Werte können auch außerhalb der Religion gewittert und erfaßt werden. Es gibt z. B. philosophische Werterkenntnis. Aber es gibt auch Werterkenntnis, die im profanen Gemeinschaftsleben erwächst. *Bisweilen kommt das Ethos aus dem Bereich des Profanen in die Religion, wie es z. B. in der griechischen Religion der Fall ist.* [...]
Die Formel „Ethik ohne Religion" kann noch in einem zweiten Sinne gelten als Bezeichnung moralischen Handelns ohne religiöse Triebkraft. [...]
Ein dritter Sinn kann mit der Formel „Ethik ohne Religion" verbunden werden: es gibt im Bereich des Ethos den Prozeß der Verselbständigung im Sinne der *Säkularisierung* des ursprünglich religiösen Ethos. Mögen also auch die religiös erfaßten ethischen Werte auf dem Boden und unter Voraussetzung bestimmter religiöser Erlebnisse entstanden bzw. entdeckt sein, sie können sich von ihrem religiösen Wurzelboden lösen und zu rein weltlichen ethischen Werten werden. [...] Hier liegt also ein Profanisierungsprozeß vor, der zu einer Ethik ohne Religion führt.
3. Die dritte Form des Verhältnisses von Religion und Ethik, die positive, liegt dann vor, wenn in der Religion ein Ethos entspringt. Das kann in verschiedener Weise geschehen. Wir sprechen von der **Ethisierung der Religion.** Darunter aber kann man wiederum verschiedene Vorgänge im Entfaltungsprozeß der Religion verstehen.
Im positiven Sinne kann die Ethisierung der an sich ethisch indifferenten Religion entweder allmählich oder plötzlich geschehen. Eine allmähliche Ethisierung der Religion liegt vor, wenn man keine bestimmten Persönlichkeiten angeben kann, durch deren ethische Werterkenntnis die Religion ethische Gehalte aufnimmt. In den Volksreligionen beobachten wir, daß durch allmählich reifende ethische Einsicht das traditionelle Gottesbild ethische Züge annimmt und der zugehörige Kultus unter den Primat des Ethos gestellt wird. Die religiöse Idee der Sünde ist z. B. ursprünglich ein rein religiöser also ethisch indifferenter Begriff. Allmählich aber wird das rein profane Unrecht zur Sünde, jedenfalls im Christentum, weil das absolut Wertvolle auch den sittlichen Wert mit einschließt, so daß in dem moralischen Verhalten die Profanität, d. h. die Isoliertheit des Menschen der Gottheit gegenüber sichtbar wird und das Gewissen als Schuld belastet. Den gleichen Vorgang allmählicher Ethisierung beobachten wir weiter etwa an dem Übergang der Begriffe „rein" und „unrein" in ethische Kategorien. Ursprünglich

ist dieses Begriffspaar eine rein religiöse Bezeichnung aus der Glaubenswelt des Dämonismus: rein ist das positiv Dämonische bzw. Dämonisierte, unrein das mit negativer Dämonie Erfüllte. Im späteren Stadium der Ethisierung spricht man von „reiner Gesinnung" und ihrem Gegenteil.
Neben dieser allmählichen Ethisierung der Religion kennt die Religionsgeschichte nun die entscheidende Wendung zur ethischen Religion durch religiöse Schöpferpersönlichkeiten. Auch hier bestehen wieder verschiedene Möglichkeiten. Es kann einerseits das vorhandene und übernommene Ethos der Heimatreligion durch den Religionsstifter dadurch *vertieft* werden, daß die ethischen Forderungen, die sich bisher nur auf das äußere Tun bezogen, nun auf die innere Gesinnung bezogen werden. So tritt an die Stelle der Tatethik eine Gesinnungsethik. Wenngleich die Bedeutung Jesu sicher nicht in einer von ihm neu verkündeten Ethik besteht, so ist es doch unbestreitbar, daß im Zusammenhang seiner religiösen Grundkonzeption des Vatergottes und des herannahenden Reiches Gottes die Ethik seiner Heimatreligion eine ungeheure Vertiefung und Veränderung erfuhr. Aber auch neue *Inhalte* des ethischen Sollens werden von den großen Meistern verkündigt, die sie selbst neu entdeckten. Zu ihnen gehört im Bereich des Christentums z. B. die besondere Art der Nächstenliebe in ihrer Verknüpfung mit der eigenen religiösen Heils- und Gnadenerfahrung. Neue Rangordnungen der Werte können sichtbar gemacht werden, wie es z. B. durch Jesus geschah in dem Gleichnis vom barmherzigen Samariter, durch das die alttestamentliche Idee des „Nächsten" eine neue, die kultisch-nationalen Grenzen überwindende Deutung erfuhr.
Die Ethisierung der Religion kann nun aber auch eine Gefahr der Religion bedeuten, wenn nämlich Religion in Ethik aufgelöst wird. Das geschieht allenthalben in Zeiten rationalistischer Religionsauffassung, wenn z. B. im alten Griechenland die Mythen rationalistisch im Sinne ethischer Grundanschauungen interpretiert wurden. Derselben Ethisierung begegnen wir im Rationalismus des 17. und 18. Jahrhunderts, und Kant ist mit seiner schon einmal zitierten Formel „Religion ist Erkenntnis unserer Pflichten als göttlicher Gebote" ein markantes Beispiel der Auflösung der Religion in Ethik mit theologischer Sanktionierung.

Aus: Gustav Mensching, Gut und Böse im Glauben der Völker. Klotz Verlag, Stuttgart 1950, 2. Auflage, S. 23–28

Gustav Mensching: **[Das unterschiedliche ethische Interesse von mystischen und prophetischen Religionen]**

Die Universalreligionen sind ihrem Frömmigkeitscharakter entsprechend in verschiedenem Maße ethisch produktiv. Universalreligionen gliedern sich ihrer Struktur nach in mystische und prophetische Religionen. In der Mystik ist die Ethik Askese, durch die man die Stillegung der Leidenschaften und die Aufhebung der persönlichen Struktur des Seelenlebens erstrebt. Die ethischen Ziele, die der Mensch zu verwirklichen hat, werden nicht um ihrer selbst willen ergriffen, sondern letzten Endes zum Zweck der Läuterung und um den eigentlichen religiösen Heilsprozeß vorzubereiten. Sie sind also nicht eigentlich Selbstwerte,

sondern dienende Mittel des Heilserwerbs. Darauf beruht dann auch das in der Mystik allenthalben zu beobachtende tiefe Mißtrauen gegen die Tat, die den Menschen an die sichtbare Welt fesselt. Auch setzt alles ethische Tun die Persönlichkeit und den persönlichen Willen voraus. Mystik aber ist vorwiegend impersonal in ihrem letzten Ziel. Aus diesem Grunde betont manche Mystik, z. B. die der Upanishaden, daß der Erlöste jenseits von Gut und Böse stehe. Selten sind deshalb auch in der Mystik neue ethische Werte entdeckt und verkündet worden. Die Mystik pflegt aus der Tradition ihrer Ursprungsreligion die ethischen Werte zu übernehmen und zu ihren asketischen Zwecken zu benutzen.
Anders ist es in den prophetischen Religionen (Islam, Mazdaismus, Christentum, israelitische Prophetie). Hier steht der *Wille* im Mittelpunkt sowohl auf der Seite der Gottheit wie auch auf seiten des Menschen. Diese Religionen haben einen höchst aktiven Charakter. Der Mensch sieht sich dem fordernden Willen der Gottheit gegenüber, und dieser Wille ist weithin ein ethischer Wille, der im ethischen Gebot sich manifestiert. Ethik ist darum im Bereich der prophetischen Religion keine vorbereitende Größe, sondern sie hat hier ihren eigenen und selbständigen Wert; denn im ethischen Leben beweist und bewährt sich das religiöse Leben. Der Wille der Gottheit wird in der sittlichen Tat erfüllt. Wir beobachten daher auch allenthalben in den prophetischen Religionen eine ausgesprochene ethische Schöpferkraft in dem Sinne, daß hier neue ethische Werte erschaut und verkündet werden. Von den prophetischen Religionen ist die ethische Erkenntnis der Menschheit weit mehr gefördert worden als von den mystischen.

Aus: Gustav Mensching, Gut und Böse im Glauben der Völker. Klotz Verlag, Stuttgart 1950, S. 28–31

Aufgaben zu Teil III: Zum Verhältnis Ethik–Religion

- ▷ Erläutern Sie den Gedankengang, der Rudolf Otto dazu führt, die Begriffe des Heiligen und des Sittlichen voneinander abzuheben. Wie würden Sie den Begriff des Heiligen ausdeuten?
- ▷ Was versteht Gustav Mensching im einzelnen unter „Religion ohne Ethik", „Ethik ohne Religion" und „Ethisierung von Religion"?
- ▷ Den mystischen Religionen Asiens (Taoismus, Hinduismus, Buddhismus etc., s. u.) wird aus christlich-abendländischer Sicht gern der Vorwurf gemacht, ihre Anhänger zu ethischer Indifferenz und sozialer Passivität erzogen zu haben. Die Vertreter der mystischen Religionen Asiens hingegen werfen dem christlichen Abendland zunehmend stärker religiöses Versagen und moralistischen Aktionismus ohne Seele vor. Diskutieren Sie beide Vorwürfe und versuchen Sie eine Vermittlung der konträren Positionen.

IV. Ethikferne Religiosität

Exkurs „Andere Länder, andere Sitten“ – Zur Relativität des Ethischen: Max Himmelheber: **Beobachtungen über die Moral der Eskimo und Neger**

Eine Eskimofrau erstickt ihr eben geborenes Kind in den Fellen ihres Lagers. Sie weiß, daß auf ihrer Insel schon jetzt die Mädchen in der Überzahl sind, und mancher Knabe wird noch auf der Jagd zwischen tückischem Treibeis zugrunde gehen. Ihre Tochter aber *müßte* dereinst einen Mann finden, der für sie jagt. Indem sie ihr Kind tötet, trägt sie dazu bei, daß die andern Mädchen der Insel später Ernährer finden. Für uns eine Kindsmörderin, ist sie für die Eskimo-Gemeinschaft eine Wohltäterin.
Ein Häuptling der Dan in Liberia ließ das Töchterchen seiner Schwester lebendig begraben, stehend, so daß nur sein Kopf über die Erde ragte. Dann trieb er einen Elefanten-Stoßzahn in Kopf und Körper des Kindes, und pflanzte in diesen Zahn ein Bäumchen. Seine Untertanen jubelten ihm dankbar zu. Dieser Häuptling, für uns ein grausamer Kindsmörder, ist für sein Volk ein Wohltäter, dessen Name über die Generationen hin gepriesen wird; denn der geschilderten Tat verdanken seine Untertanen und ihre Nachfahren Wohlstand, Gesundheit, Kindersegen. Er hat für sie das schwerste Opfer gebracht, das man von einem Dan heischen kann. Die Tochter der Schwester ist eines Mannes liebstes Kind. Von den Kindern seiner eigenen Frauen weiß er bei der in den Negerdörfern herrschenden Freilebigkeit nie mit Sicherheit, ob sie von ihm gezeugt sind. Die Kinder seiner Schwester aber haben gewiß dasselbe Blut wie er, und die Töchter der Schwester werden sein Blut der folgenden Generation vererben. Mit der Nichte opferte der Häuptling also einen Teil seiner eigenen Blutszukunft der Zukunft seines Volkes. Das Bäumchen wird mit der Seele des Kindes heranwachsen und das Dorf zu Gedeih führen. Das Urteil, ob eine Handlung moralisch oder unmoralisch ist, richtet sich also bei den Negern und Eskimos nicht nach der Tat als solcher. Vergessen wir aber nicht, daß auch Abraham darum geehrt wird, daß er bereit war, seinen eigenen Sohn umzubringen. [...]
Ein Eskimo schlüpft in den Iglu seines Nachbarn und erschießt – wie es Freuchen einmal berichtet – diesen, seinen Vater und Bruder, läßt nur die Frau am Leben. Dann befiehlt er der Frau, ihm in seinen Iglu zu folgen und dort ein paar neue Sohlen auf seine Regenstiefel zu nähen.
Dieser Mann hat gemordet, um sein Leben zu erhalten. Ein Eskimo *muß* eine Frau haben, die seine Kleider anfertigt und täglich pflegt und flickt, sonst wird er auf der Jagd erfrieren. Dennoch, dieser Mann hat andere geschädigt, um *sich* zu nützen, im Gegensatz zu jenem Negerhäuptling, der seine Blutszukunft opferte, um der *Allgemeinheit* zu nützen. Wir Europäer zögern keinen Augenblick, diesen Eskimo als Mörder zu verurteilen. Wie aber reagiert die Eskimo-Gesellschaft? Überhaupt nicht. Zur Reaktion aufgefordert fühlt sich nur die Familie des Ermordeten. Die Blutrache setzt ein, der Mörder oder ein Mitglied seiner Sippe muß fallen. Das Wort „Rache“ ist nicht ganz zutreffend. „Blut-Ausgleich“ wäre richtiger.

Oft wird nämlich irgendein junger Mann mit der Ausübung des Gegenmordes beauftragt, der den Mörder gar nicht kennt, oder gar mit ihm befreundet ist. Der Eskimo-Forscher E. W. Nelson schildert, wie die beiden oft in Kenntnis des Bevorstehenden noch jahrelang gemeinsam zur Seehundsjagd ausfahren, bis eines Tages der Familienälteste den Befehl erteilt, den Mord jetzt auszuführen.

Ein Afrikaner hat den nagenden Wunsch, sich ein eigenes Dorf zu gründen und damit selbst Häuptling zu werden. Er geht zum Wahrsager. Der weise Mann wirft seine Kaurischnecken vor sich hin und liest ihren Spruch. „Töte deine Mutter", „Schwängere deine Schwester", verkünden die magischen Objekte. Das Verbrechen wird verübt, der Mann, im Gefühl Unerhörtes vollbracht zu haben, schwingt sich zum Häuptling auf.

Die Gesellschaft ächtet einen solchen Mörder aus Eigen-Interesse keineswegs, weder bei den Eskimos noch bei den Negern. Im Gegenteil, er hat gezeigt, daß er ein starkes Herz hat, er wird sich auch auf der Jagd, im Krieg im Interesse der Gemeinschaft bewähren.

[...]

Von den Naturvölkern aus gesehen sind wir Abendländer in mancher Weise moralisch minderwertig. Im Eskimodorf Süd-Alaskas steht am höchsten im öffentlichen Ansehen der „okiskach", das ist der Mann, der am meisten für die Gemeinschaft tut. Dort veranstalten die Eskimos große Schenkfeste, in welchen diejenige Partei gewinnt, welche der andern mehr schenkt als sie erhält, und sich dadurch als die großmütigere erweist. Einem Afrikaner ist es unbegreiflich, daß bei uns die Söhne ihren Verdienst nicht dem Vater abliefern, der in Afrika alle Einnahmen zum Wohl der ganzen Familie verwaltet. [...]

Auch Eigenheiten in der Gefühlswelt führen zu unterschiedlichen Moralvorstellungen. Immer wieder empört sich der Weiße über das mitleidlose Verhalten der Naturvölker. Einer unserer Träger verbrennt sich die Hand – die andern lachen ihn nur aus; wie konnte er so ungeschickt sein! Der deutsche Arzt Werner Junge berichtet aus Liberia, daß die Eingeborenen teilnahmslos an einem alten Mann vorübergehen, der von Ameisen überfallen worden war. Dem kanadischen Ethnologen Diamond Jenness erzählte eine Eskimofrau, wie sie ihr fünfjähriges Kind getötet habe, und fügte lachend hinzu: „Muß ein guter Happen für die Füchse gewesen sein".

Ja, Mitleidlosigkeit wird mitunter geradezu als eine Tugend angesehen. Soziales Verhalten wird als Schwäche ausgelegt. Als Europäer muß man umlernen. Ich marschierte im Busch meist vor oder hinter der Hängematte her, in der ich mich nach Landesbrauch hätte tragen lassen sollen, und selbstverständlich stieg ich aus, wenn es bergan ging. Aber eines Tages priesen mir meine Sänftenträger den verstorbenen Großhäuptling Utompe. Der hatte sie an diesem Berg immer gepeitscht, damit sie im Laufschritt mit ihm den steilen Hang hinaufrannten – ja, *der* hatte ein starkes Herz! Eine nicht giftige Schlange, die wir als „harmlos" oder „gut" bezeichnen, nennen die Afrikaner „schwach".

Es kommt auch vor, daß an sich gleich gerichtete moralische Vorstellungen feindlich aufeinander treffen. Naturvölker wie Abendländer erheben die Einhaltung von *Scham*-Begriffen zur sittlichen Forderung, nur der *Gegenstand* der Scham ist verschieden. Die meisten Völker schämen sich ihrer primären Geschlechtsteile und bedecken sie. Ganz ungleich verhalten sich die Menschen aber hinsichtlich ihrer sekundären Geschlechtsmerkmale. Für uns ist der weibliche Busen schambedürftig, für die meisten Naturvölker ist er dies keineswegs. Bei manchen westafrikanischen Stämmen genießen dagegen die weiblichen Oberschenkel den Schutz des Schambegriffs. Beim Zusammentreffen der abendländischen Kultur mit den naturvölkischen Kulturen kommt es zu mancherlei Scham-Absurditäten, weil keiner den anderen recht begreifen kann. Die Afrikaner beziehen das Bedecken der Brust vielfach auf die Männer, da die Frauen ja ihre Brust freihalten sollten, um jederzeit ihr Kind stillen zu können. Jüngst hat die Mode einen dicken Strich durch den bisherigen afrikanischen Schambegriff gezogen. An der Elfenbeinküste tragen die Schulmädchen im ganzen Lande einheitliche Kleidung. Die maßgebende Behörde folgte der Mode und verordnete Mini-Kleider, so daß alle Mädchen plötzlich ihre Oberschenkel zur Schau tragen. Es bedeutet für die Bevölkerung dieses Landes dasselbe, wie wenn bei uns durch Dekret der Kultusminister alle Gymnasiastinnen von morgen an „oben ohne" zur Schule gehen müßten.

Aus: Hans Himmelheber, Beobachtungen über die Moral der Eskimo und Neger. In: Rolf Italiaander (Hrsg.), Moral – wozu? Delp Verlag, München 1972, S. 42–50

Aufgaben zum Exkurs „Andere Länder, andere Sitten"

- ▷ Diskutieren Sie den Sachverhalt der Kulturkreisgebundenheit von Moral und damit den Begriff der Relativität des Ethischen.
- ▷ Die Allgemeine Erklärung der Menschenrechte, die Konvention über die Verhütung und Bestrafung des Völkermordes, die Genfer Konvention, das Übereinkommen über die Rechtsstellung der Staatenlosen und andere völkerrechtlichen Beschlüsse der Vereinten Nationen sind der Versuch, Richtlinien für eine alle Kulturkreisdifferenzen überschreitende gemeinsame Ethik der Menschheit zu entwerfen. Sie setzen den Glauben an ein allen Menschen gemeinsames Rechts- und Moralempfinden voraus. Dennoch gibt es kritische Stimmen, die in den genannten Vereinbarungen vor allem ein Ergebnis christlich-abendländischer Philosophie- und Geistesgeschichte sehen. Befassen Sie sich mit den genannten Erklärungen, Konventionen und Übereinkommen der UNO und nehmen Sie Stellung zu dem angedeuteten kritischen Einwand gegen sie.

Beispiele „amoralischen" Verhaltens bei Natur- und Volksreligionen: Sakralmord und Menschenopfer

Religiös motivierte Kindertötung bei den Batak auf Sumatra

Wenn die Batak auf Sumatra aus der Leiche eines grausam getöteten Kindes ein gewaltiges Zaubermittel präparieren wollten, betete zuvor der Datu (Zauberpriester) entschuldigend zu den Göttern und Geistern: „Wir wollen *Leben* machen, darum rüsten wir dies zu." Man motivierte also den sakralen Mord mit dem höheren Ziel des Lebens.

Aus: Kurt Goldammer, Die Formenwelt des Religiösen. Kröner Verlag, Stuttgart 1960, S. 30

Verbreitung und Zielsetzung des Menschenopfers

Das *Menschenopfer* ist sehr weit in der antiken Welt verbreitet; bei Griechen, Römern, Germanen und Kelten ebenso wie bei Phönikiern, Aramäern, Mexikanern und Japanern. Die Menschenopfer sind zu unterscheiden vom bloßen zauberischen Kannibalismus, der Anthropophagie. Das Fleisch bestimmter Menschen (besonders feindlicher Krieger und Häuptlinge, auch von Frauen) wird verzehrt, weil es Mana enthält; zumal Herz und Schädel besitzen zauberhafte Lebenskraft. Die Kopfjäger sammeln Schädel und hängen sie auf, um ihre Behausung vor bösen Mächten zu schützen. Eine riesige Ausdehnung gewannen die Menschenopfer im alten Mexiko und Peru. Bei der Weihe des Haupttempels in Mexiko 1487 wurden in vier Tagen 20 000 bis 80 000 (die Quellen machen verschiedene Angaben) geopfert. Diese Menschenopfer bezweckten eine Machtmitteilung an die Natur (Sonne, Vegetation). Der Mensch wird getötet als Sinnbild einer alternden Naturgottheit (der Sonne, eines Vegetationsdämons); dabei wird das Herz aus der Brust gerissen. Im schwäbischen Ziu-Kult wurde beim Frühlingsfest zur Stärkung des Wachstums der Natur ein Mensch dargebracht. Im Herbst wurden ebenfalls Menschen geopfert (durch Beerdigen, Verbrennen und Ertränken). Weitverbreitet sind die Bauopfer. In Japan wurden „Menschenpfeiler“ *(hitobashira)* errichtet: lebende Menschen wurden unter den Pfeilern von Burgen und Brücken begraben. In Kanaan (Megiddo, Gezer, Taanek) wurden Leichen im Fundament oder unter der Schwelle gefunden. Das Bauopfer war auch bei den Kelten und Germanen üblich. Deutsche Sagen berichten von der Einmauerung lebender Menschen im Brückenbau. Noch im Mittelalter wurden Kinder bei der Grundsteinlegung von Burgen, Stadtmauern und Brücken eingemauert.
Die Menschenopfer dienen als „Sühneopfer“. Es herrscht der Glaube, man müsse in Zeiten der Not, besonders der nationalen, durch Menschenopfer Gefahren bannen, den „Zorn“ einer Gottheit stillen. „Zorn“ ist jedoch nicht ohne weiteres anthropomorph aufzufassen, sondern als lastender Fluch, wilder Durst – „es rast der See und will sein Opfer haben (Schiller, Wilhelm Tell I,1).

Aus: Friedrich Heiler, Erscheinungsform und Wesen der Religion (= Die Religionen der Menschheit, Bd. 1). Kohlhammer Verlag, Stuttgart 1961, S. 211–212

Die Willkür des sittlichen Bewußtseins

Lassen wir uns von unseren eigenen Vorstellungen einer allgemein verbindlichen Norm menschlichen Handelns leiten, dann scheint die Willkür des sittlichen Bewußtseins, sofern wir davon ein Minimum an biologisch begründeten Regeln, die das nackte Überleben der Gruppe gewährleisten, ausnehmen, geradezu unbegrenzt zu sein. Wir brauchen hier nur auf Phänomene wie die des Kannibalismus, des Kinder(Zwillings)- und Altenmords, der Blutrache, der Zauberei, der sexuellen Unterdrückung und Zügellosigkeit, der Menschenopfer, maßloser Bestrafungen und Grausamkeiten, u. dgl. m., zu verweisen. Gewiß, auch wenn dergleichen Phänomene nicht in allen Primitivkulturen gegeben sind oder, wenn wir uns auf Sammler und Jäger beschränken, zum Teil strikt abgewiesen werden, so sind sie dennoch vorhanden und in dem einen oder andern Fall in das von der Gemeinschaft akzeptierte Wertsystem integriert.

Aus: Wilhelm Dupré, Kultur und Ethos. In: Carl Heinz, Ratschow (Hrsg.), Ethik der Religionen. Ein Handbuch. Kohlhammer Verlag, Stuttgart 1980, S. 104

Beispiele ethikferner Gottesvorstellungen in den frühen Volksreligionen

Hinterlist und Grausamkeit bei den griechischen Göttern

Dreimal liefen sie [der trojanische Krieger Hektor und sein griechischer Gegner Achill] so um die Mauern der Stadt, und Apollon gab Hektor Schnelligkeit und Stärke. Als sie aber den Skamander zum viertenmal erreichten, hob Zeus noch einmal die goldene Waage, legte die Lose hinein, und das Todeslos Hektors senkte sich tief zum Hades hinab. Da wandte Apollon sich ab, und Athene, die Feindin der Troer, jubelte laut und nahm die Gestalt des Deïphobos an: Das war ein Bruder des tapferen Hektor. Ihm glich sie an Stimme, Wuchs und Gestalt, und sie sprach die verzaubernden Worte: „Bruder, ruhe dich aus, ich werde dir helfen. Wir wollen gemeinsam Achilleus erwarten." Als Hektor die Stimme vernahm, begann sein Herz vor Freude zu beben; denn jetzt war er nicht mehr allein, Deïphobos, der liebste unter den Brüdern, stand, so glaubte er fest, ihm nun hilfreich zur Seite. Tapfer ging er Achilleus entgegen und sprach: „Laß uns kämpfen, Achill. Mögen die Götter entscheiden, wer von uns beiden der bessere ist. Aber zuvor wollen wir schwören, den Leib des anderen zu schonen. Ich jedenfalls, wenn ich siege, geb' dich den Griechen zurück." Doch Achilleus wandte sich ab, sein Auge war dunkel, und ein Schatten lag ihm über der Stirn. „Nicht gibt es Eide zwischen den Menschen und Löwen", sagte er böse, „keine Verträge schließen die Lämmer und Wölfe. Kein Schwur verpflichte Achilleus und Hektor. Tiere und Menschen sinnen einander Verderben. Tu also das Deine, ich werde das Meinige tun!" So rief er und warf mit mächtigem Schwunge die sausende Lanze. Aber Hektor duckte sich tief, und der Speer flog über ihn weg. Doch Athene raffte ihn auf und gab ihn Achilleus zurück. Als auch Hektor seinen Gegner verfehlte, stand er ohnmächtig da und sah, daß der Grieche, wie durch ein Wunder, die Lanze wieder in den Händen hielt. Da schrie er laut auf und rief Deïphobos um Hilfe; aber sein Bruder war nicht mehr zu sehen.

Nun wußte der Troer, daß er allein war und niemand ihm half. „Wehe", rief er mit klagender Stimme, „wie hat mich Athene getäuscht! Nah ist mein Tod, denn Apollon hat sich zur Seite gewandt, und Zeus verweigert die Antwort. Doch ich will tapfer sein, damit die Menschen sich meiner erinnern." Mutig ergriff er sein Schwert und stürmte Achilleus entgegen; aber der Grieche deckte den Leib mit dem mächtigen Schild; dann schwang er selber die Lanze und traf den Feind an der verwundbarsten Stelle, zwischen dem Schlüsselbein und der Schulter.

Hektor sank nieder zur Erde, und ganz vergeblich bat er um fromme Bestattung; denn er fürchtete sich, von den Hunden und Vögeln zerbissen zu werden. Doch Achilleus' Herz war aus Stein. Nur von ferne hörte er die Stimme des sterbenden Troers und die Verkündung des eigenen Tods, dann durchbohrte er dem Gefallenen Ferse und Knöchel, zog einen Riemen hindurch, befestigte ihn an der Deichsel des Wagens, riß Hektor die Rüstung vom Leibe, schwang seine Peitsche, fuhr an und wirbelte den Toten durch den Staub, so daß die Locken dunkel wurden und das Haupt den Sand durchschleifte. Gellend schrien die Troer um Hilfe, aber kein Gott erbarmte sich ihrer. [...]

Aus: Illias und Odyssee. Nacherzählt von Walter Jens. Otto Maier Verlag, Ravensburg 1959.

Unberechenbarkeit des germanischen Gottes Odin (Wuotan, Wodan)

In der Schlacht kämpft er oft selber mit, er ordnet die Reihen zum Schlachtkeil, er lenkt den Kampfwagen H a r a l d s, er verdirbt die Feinde mit einem Pfeilhagelschauer oder vernichtet sie mit seinem Speer Gungnir. Die Seinen führt er zum Sieg, die Gegner aber schreckt er, macht sie blind und taub und stumpft ihre Waffen. Oft freilich wechselt er plötzlich Farbe und stellt seinem eigenen Schützling ein Bein.

Aus: Martin Ninck, Wodan und Germanischer Schicksalsglaube. Eugen Diederichs Verlag

Der eifersüchtige und rachsüchtige Gott des Alten Testaments

21 Sie haben mich eifersüchtig gemacht durch Nichtgötter, durch ihre Götzen
haben sie mich gereizt; ich aber mache sie eifersüchtig durch ein Unvolk, durch
ein gottloses Volk will ich sie reizen.
22 Denn ein Feuer lodert auf in meinem Zorn und brennt bis in die Tiefen der
Unterwelt; es verzehrt die Erde samt ihrem Gewächs und entzündet die Grund-
festen der Berge.
23 Ich will Unglück über Unglück auf sie häufen, will meine Pfeile alle gegen sie
verschießen.
24 Sind sie entkräftet vor Hunger und verzehrt von Fieberglut und giftiger Pest,
so lasse ich die Zähne wilder Tiere auf sie los und das Gift im Staube kriechender
[Schlangen].
25 Draussen wird das Schwert wegraffen und drinnen der Schrecken, so den
Jüngling wie die Jungfrau, den Säugling samt dem ergrauten Mann.

Aus: Altes Testament. Zürcher Bibel. Verlag der Zwingli-Bibel, Zürich 1970, S. 224 (Deut. 32, 21 ff.)

Beispiele von Moral und Sittlichkeit transzendierender Religiosität in den mystischen Hochreligionen

Zum „antiethischen" Charakter von Laotses Taoismus

(Tao te king, 5)
Die Natur ist ungütig:
Sie behandelt die Schöpfung wie stroherne Opferhunde.
Der Weise ist ungütig:
Er behandelt die Menschen wie stroherne Opferhunde.

(Tao te king, 18)
Beim Verfall des großen Tao
Entstanden die Lehren von der „Menschlichkeit" und der „Gerechtigkeit".
Als Wissen und Klugheit erschienen,
Folgte ihnen große Heuchelei auf dem Fuße.

Aus: Die Weisheit des Laotse. Hrsg. von Lin Yutang. Fischer Taschenbuch Verlag, Frankfurt am Main 1955–1988, S. 56 und 92

Laotse wendet sich gegen die traditionelle Ethik der Forderungen, wie sie im Gegensatz zu ihm später Konfuzius predigt. Die Aufstellung von zahlreichen ethischen Postulaten von außen zeigt an, daß die unmittelbare Verbindung der Menschen mit dem Tao abgerissen ist, daß eben das Tao in Verfall geraten ist; denn sonst wären alle diese ethischen Ideale selbstverständliche Wirklichkeit und brauchten nicht als forderndes Ideal aufgestellt zu werden.
Die ethische Zielstrebigkeit der Menschen führt für Laotse nicht zur Harmonie mit dem Unendlichen, die, auch Konfuzius für das Wesentliche und Notwendige im Leben hält. Man muß wieder dahin zurückkehren, von wo der Abfall ausgegangen ist, zur mystischen Unio mit dem Absoluten vor aller Spaltung in Gut und Böse. Was Laotse der traditionellen Ethik vorwirft, ist ihre Bewußtheit. Daß Menschen bewußt erstreben müssen und gewaltsam „machen" müssen, was nur als unmittelbarer Ausdruck des den Menschen belebenden und bestimmenden Tao von Wert ist, darin liegt das generelle und existenzielle Unheil.
Aus dieser Unheilssituation zeigt Laotse den Weg, indem er negativ die Abwendung von dieser bewußten Moral der tausend Ziele lehrt: „Gebt auf die Heiligkeit, werft fort das Wissen, und des Volkes Wohlfahrt wird sich verhundertfachen. Gebt auf die Menschenliebe, werft fort die Gerechtigkeit, und das Volk wird zurückkehren zu Kindespflicht und Liebe." *(19)*
Positiv bedeutet das aber die Rückwendung zum Tao, das Sich-Erfüllenlassen von den Lebenskräften des Tao, das stille Wachsen und Reifen durch die Verbindung mit dem Urwesen: „Die höchste Tugend ist ohne Handeln (wu-wei) und darum hat sie keinen Zweck, wofür sie handelte. Die niedere Tugend handelt und hat daher ihren Zweck, wofür sie handelt." *(38)*
„Das Tao ist ewig ohne Handeln, und doch gibt es nichts, was es nicht täte. Wenn Fürsten und Könige es zu bewahren vermögen, dann werden alle Wesen sich von selbst gestalten." *(37)*

Aus: Gustav Mensching, Gut und Böse im Glauben der Völker. Klotz Verlag, Stuttgart 1950, S. 42

Ausschweifungen als Mittel der Heilsförderung im hinduistischen Tantrismus (Shaktismus)

Das Glücksgefühl, das Wein und Frau'n
Und Fleischgenuß dem Menschen spendet,
Den Toren führt's zum Untergang,
Des Weisen Sinn zum Heil es wendet.

Was man nicht trinken soll, darf hier man trinken,
Was man nicht essen soll, dient hier zur Atzung,
Die Frau, die man nicht lieben darf, wird hier Geliebte:
Das ist der Kaulikas geheime Satzung.

Es gibt nicht feste Regeln noch Gebote,
Nicht gute Werke noch tödliche Sünden,
Nicht Himmelswonnen noch auch Höllenqualen:
Dies ist es, was die Kaulikas verkünden.

Ein Yogi freut sich sämtlicher Genüsse,
Begehren ist nicht seines Handelns Grund.
Um alle Lebewesen zu begnaden,
Lebt spielend er auf diesem Erdenrund.

Aus: Helmuth von Glasenapp, Indische Geisteswelt, Band 1, Holle Verlag, Baden-Baden 1958, S. 134

Negation sittlicher Vorstellungen im buddhistischen Tantrismus

Die Tantra-Werke der Anuttarayoga-Klasse enthalten außer dem Shakti-Kult und der Lehre vom sakralen Liebesgenuß auch noch eine Fülle von anderen Dingen, die im schroffen Gegensatz zu den ethischen Vorschriften des gesamten bisherigen Buddhismus stehen. So wird im Guhyasamâja p. 120 dem Schüler bei einem Abisheka als eine von allen Buddhas verkündete Verpflichtung (samaya) ein Vers mitgeteilt, der wörtlich übersetzt lautet: „Die Lebewesen sind von dir zu tötende, falsche Rede ist eine (von dir) zu redende, das Nicht-gegebene ist ein von dir zu ergreifendes, und ebenso das Genießen der Frauen. Durch diesen Diamantweg möge man die Diamantwesen antreiben. Dieses ist der höchst-beständige Samaya aller Buddhas."
An anderen Stellen wird das Essen des Fleisches von Elefanten, Pferden, Hunden, Rindern und Menschen (mahâmâmsa, „großes Fleisch" p. 26, 55, 98), das Trinken von Branntwein (p. 130, 165), der beständige Verkehr mit Mädchen aus verachteten Kasten (p. 94) als zur Erlangung von Siddhis fördernd bezeichnet. Die Höhe der Paradoxie aber wird erreicht, wenn der All-Buddha p. 20 zum Erstaunen der Bodhisattvas behauptet, daß auch der, welcher mit Mutter, Schwester, Tochter oder gar mit der Mutter eines Buddha der Liebe pflegt, zur höchsten Vollendung eingehen könne.
[...]
Das Befremdendste in diesen Texten, die noch heute in Nepâl und Tibet als heilige Bücher in höchstem Ansehen stehen, ist, daß sie in ihrer radikalen Negation buddhistischer Satzungen sogar vor den von ihnen selbst gelehrten religiösen Anschauungen und Zeremonien nicht Halt machen, sondern gelegentlich gegen diese Stellung nehmen. So heißt es im Guhyasamâja p. 142: „Man möge keinen Tempeldienst tun, keine heilige Texte rezitieren, kein Mandala herstellen und den Buddha, die Lehre und die Gemeinde nicht lobpreisend verehren" und ähnliche Aussprüche finden sich in den verschiedensten Texten.

Aus: Helmuth von Glasenapp, Buddhistische Mysterien. Die Geheimen Lehren und Riten des Diamant-Fahrzeugs. Spemann Verlag, Stuttgart 1940, S. 166/67

Überwindung des religiös-ethischen Gesetzes im islamischen Sufismus[1]

Wisse, daß der Mensch auf dem Teppich der Scharia [des religiös-ethischen Sittengesetzes des Islam] steht, solange er nicht zu den Stationen des (vollkommenen) Einheitsbekenntnisses gelangt ist. Sobald er aber zu ihnen gelangt ist, fällt die Beobachtung der Scharia vor seinem Auge herunter, und er beschäftigt sich mit den Strahlen, die aus dem Schacht der Aufrichtigkeit aufgehen. Wenn die Strahlen auf ihn eingestürmt sind und die aufgehenden Lichter sich vor ihm verflochten haben, wird das Einheitsbekenntnis für ihn Ketzerei und die Scharia für ihn eine Torheit. Er bleibt ohne (eigene) Substanz und Spur; wenn er die Scharia beobachtet, beobachtet er sie der Form wegen, und wenn er das Einheitsbekenntnis ausspricht, spricht er es gezwungen aus...

Zitiert nach: Joseph Schacht, Der Islam. Religionsgeschichtliches Lesebuch, Heft 16, Mohr Verlag, Tübingen 1931, S. 104

[1] **Sufi:** Eine Bezeichnung für die Mystiker des Islams. Der Name stammt von der Bekleidung aus Wolle (arabisch: suf = Wolle), die diese trugen. **Sufismus:** Die persönliche mystische Hinwendung zu Gott. Die Sufis streben eine unmittelbare Beziehung zu Gott jenseits aller Begrifflichkeit an und berufen sich dabei auf die wenigen Stellen des Korans, die auf ein Naheverhältnis zu Allah hinweisen. In Bruderschaften und Orden der Derwische wird die mystische und ekstatische Vereinigung mit Gott angestrebt. (Aus: Otto Zierer, Islam. Kiesel Verlag, 1985)

Leugnung der christlichen Sittlichkeitsvorstellungen durch die christlichen Mystiker

In jedem Werk, auch im bösen, im Übel der Strafe ebensosehr wie im Übel der Schuld, offenbart sich und erstrahlt gleichermaßen Gottes Herrlichkeit.

*

Wer jemanden mit einer Schmähung lästert, lobt Gott durch eben diese Sünde der Schmähung; und je mehr er schmäht und je schwerer er sündigt, um so kräftiger lobt er Gott.

*

Gott ist weder gut noch besser noch vollkommen; wenn ich Gott gut nenne, so sage ich etwas ebenso Verkehrtes, als wenn ich das Weiße schwarz nennen würde.

Aus: Meister Eckehart, Deutsche Predigten und Traktate. Hrsg. von Josef Quint, Hanser Verlag, München 1963, S. 450 und 454

Es gilt Gott alles gleich
Gott hat nicht Unterscheid, es ist ihm alles ein;
Er machet sich soviel der Flieg als dir gemein.

Wenn man vergöttet ist
Mensch, wenn dich weder Lieb berührt noch Leid verletzt,
So bist du recht in Gott und Gott in dich versetzt.

Gott ist ohne Willen
Wir beten: es gescheh, mein Herr und Gott, dein Wille;
Und sieh, er hat nicht Will, er ist ein ewge Stille.

Aus: Angelus Silesius, Der Cherubinische Wandersmann. In: Sämtliche Poetische Werke in 3 Bänden, hrsg. von Hans Ludwig Held, Hanser Verlag, München ^{3}1949, S. 21 und 39 (Nr. 127, 293, 294)

Joseph Bernhart: **[Das Un-Sittliche in der Mystik]**

Wie zur Welt des Logischen steht der Mystiker auch zu der des Sittlichen – er bekämpft sie nicht, er läßt sie abseits auf sich beruhen, denn er ist, wie die Perser sagen, jenseits von Gut und Böse. Was weiß er, dessen Auge keine Klüfte, dessen Ohr nur Einklang kennt, dessen Frömmigkeit die schweigsame Verbindung mit dem Allverursachenden, was weiß er vom Wert der Taten! Das Sittliche versteht sich ihm von selbst, wo es ihm begegnet, dort aber, wo es nicht ist, eifert er nicht, denn wer kann wissen, ob sein Mangel hier und jetzt nicht besonderen Sinn und Segen hat? Es gibt tiefe Stufen der Religion, auf denen der Götterdienst noch frei ist vom Element des Sittlichen, es gibt hohe, auf denen der Mensch Gott durch das Gute dient, das er will und vollbringt, es gibt ein höchstes Verinnern des Welterlebnisses, – und dies ist die mystische Stufe – das die Frage nach Gut und Bös belanglos macht, weil alles Sein und Geschehen so wie es ist als notwendig, heilig, göttlich hingenommen wird. Gott tut die Welt; ich, der ich der eine und die andre bin, gebe mich auf und bin beider gewiß. Nicht immer ist die Mystik ihren Weg bis ans quietistische Ende gegangen, aber die Richtung dahin liegt in ihrem Wesen. Weder die äußere Satzung des geschriebenen Gebots noch die innere des Gewissens drängt den Mystiker ans Ziel, sondern ein Verlangen, das selber so wenig wie Hunger und Durst gut oder böse ist, ein Antrieb zur Einswerdung mit allem, der nicht sittlich, sondern religiös beschaffen ist. Nicht die Denkmystik nur, auch die Willensmystik, die das Fleisch kasteit, schätzt die sittliche Errungenschaft der Entsagung und Gelassenheit nicht um ihrer selbst und ihres sittlichen Wertes willen, sondern als die unerläßliche Verfassung des mystisch gesinnten und seiner Begnadung harrenden Menschen. Immer ist das Un-Sittliche der Mystik, die Mißachtung oder Leugnung der sittlichen Begriffe und Maßstäbe, eine heimliche Gefahr des Nihilismus gewesen, und ihre natürliche Gleichgültigkeit gegen die sittliche Forderung um der Sittlichkeit willen, ihre notwendige, vom Individualismus gebotene Abkehr vom sozialen Leben hat nur innerhalb jener religiösen Institutionen, die der Mystik Raum gestatten, ein gesundes Korrektiv gefunden, das mystische Strömungen in köstliche, das Leben selbst hinwieder befruchtende Brunnen faßte. Jenseits von Gut und Böse gründend schuf sie Gutes und Böses, asozial in ihrem Wesen hat sie dissoziierend wie soziativ gewirkt.

Aus: Der Frankfurter – Eine deutsche Theologie. Übertragen und eingeleitet von Joseph Bernhart, Reim, München o. J., S. 42–44

Aufgaben zu Teil IV: Ethikferne Religiosität

- ▷ Märchen spiegeln in zahlreichen Beispielen frühe, heute meist überwundene Stufen der Religiosität wider. So finden sich Hinweise auf Menschenopfer und Sakralmord in Grimms Märchen „Rumpelstilzchen" und in Bechsteins Märchen „Seelenlos". Überprüfen Sie diese Aussage, erklären Sie den Sachverhalt und suchen Sie nach weiteren Hinweisen auf ethikferne Religiosität in der Welt der Märchen.
- ▷ Der einäugige Odin war eine der Hauptgottheiten der germanischen Religion, der in der Gestalt des „Wilden Jägers" und als Anführer des „Wütenden Heeres" noch bis tief in die christliche Zeit hinein abergläubische Beachtung fand. Tragen Sie weitere Daten über ihn zusammen, untersuchen Sie insbesondere seine herausragende Funktion und Rolle im Rahmen des weiteren germanischen Götter- und Schicksalglaubens.
- ▷ Suchen Sie nach weiteren Belegen für den zornigen und eifersüchtigen Gott Jahwe im Alten Testament. Wie und inwiefern hat sich das Gottesbild vom Alten zum Neuen Testament gewandelt?
- ▷ Tantranahe Kulte haben in einigen stärker von asiatischen Religionen bestimmten Jugendsekten und -kulten (z. B. Ananda Marga, Bhagwanismus, einige New Age Zirkel), aber auch im Rahmen der derzeitigen Okkultismuswelle (Schwarze Messen, Teufelsaustreibungen etc.) auch bei uns wieder zunehmend mehr Einlaß gefunden. Erklären Sie diese Entwicklung. Welche Gefahren bringt die unkritische Übernahme solcher für die meisten hiesigen Menschen zunächst fremdartiger Kulte zwangsläufig mit sich? Tragen Sie Informationen über die genannten Sekten und Bewegungen zusammen.
- ▷ Meister Eckehart und Angelus Silesius sind zwei der bekanntesten Vertreter der deutschen Mystik. Wann lebten sie? Versuchen Sie diese Bewegung mit Hilfe des Textes von Joseph Bernhart zu begreifen.

V. Die Ethik der Religionen

1. Ethik der Natur- und Volksreligionen

Gustav Mensching: **Die Religion der Naturvölker – Die Religion der magischen Verbundenheit**

Wenn wir von *der* Religion der Naturvölker sprechen, so darf das nicht so verstanden werden, als gäbe es in der geschichtlichen Wirklichkeit nur *eine* Naturreligion oder als seien die Religionen der verschiedenen Naturvölker identisch. Das ist selbstverständlich nicht der Fall, obwohl es nach den landläufigen Darstellungen der „Primitivreligion" so scheinen könnte. Die ethnologische Forschung hat die verwirrende Fülle religiöser Anschauungen und kultischer Praktiken innerhalb der keineswegs einheitlichen Völkerwelt der Primitiven in eindrucksvoller Weise sichtbar gemacht. Sie hat vor allem auch auf die sogenannten Kulturkreise aufmerksam gemacht (Wildbeuter, Pflanzer, Hirten, Herrenkultur), die eine Divergenz der religiösen Anschauungen und Praktiken mitbedingen. Von diesen Erkenntnissen aus wird man daher nicht – wie es zumeist geschah – generell sagen dürfen, daß *die* Naturreligion der sogenannten Primitiven charakterisiert sei durch den Glauben an „mana", eine impersonale Macht, die sich in Dingen und Personen manifestiert, durch den Totemismus, den Glauben an zumeist tierhafte Stammesahnen, sowie durch den Glauben an Geister (Animismus) und ihre Verehrung. Alle diese Momente kommen vor, aber keineswegs überall. Trotz dieser fraglos bestehenden Unterschiede unter den Religionen der Naturvölker glaube ich dennoch behaupten zu dürfen, daß alle diese Religionen der Naturvölker innerhalb der Welt der Volksreligionen eine Einheit bilden. Diese Einheit liegt weniger in den religiösen Vorstellungen als vielmehr in der Grundhaltung. Diese Haltung läßt sich am besten umschreiben durch den jüngst von C. H. Ratschow in seinem Buche „Magie und Religion" (1947) eingeführten Begriff der „unio magica". In allen Wesen und allen für ihn bedeutsamen Dingen wittert der Frühzeitmensch ein geheimes und eigentliches Leben, das mehr ist als das vitale Leben, ein Numinosum, das zu erhalten, zu gewinnen oder zu steigern das zentrale Anliegen aller Stammesangehörigen ist. Die Konturen der Außenwelt haben noch nicht die starre Unveränderlichkeit gewonnen wie im Wirklichkeitsbewußtsein des Kulturmenschen. Es ist also ein völlig anderes Wirklichkeitsbewußtsein, von dem aus das Denken und Handeln erfolgt. Alles kann zu allem werden, wie in unseren Träumen auch. Von dieser Grundeinstellung zur Welt aus, die also weniger eine denkende als eine emotionale ist, versteht man, daß der Mythos im Leben und Kultus der Naturvölker eine so bedeutende Rolle spielt; denn im Mythos spricht sich eine Wirklichkeitserfassung aus, deren anschaulich-phantastischer Ausdruck durch keinerlei Grenzen des Möglichen, wie sie in unserer naturgesetzlich-rational bestimmten Weltauffassung gegeben sind, gehindert oder eingeschränkt wird. Was hier vorliegt, ist eine primitive Schicht innerhalb des Geisteslebens der Menschheit überhaupt. Damit ist zugleich ausgesprochen, daß man den Begriff der „primitiven" Religion nicht auf die eigentliche Naturreligion, also die Religionen der Naturvölker, beschränken darf. Denn diese Grundhaltung, die bei den Naturvölkern in Reinheit dominiert, findet sich auch innerhalb der Kulturreligionen gemischt mit anderen hier nun dominierenden Momenten. Darauf beruht die Tatsache, daß Primitivreligion selbst innerhalb der Universalreligionen, d. h. in ihren „Massen", als „Volksglaube" erhalten bleibt.

Von hier aus versteht man, daß die „Magie" eine hervorragende Bedeutung im naturreligiösen Denken und Handeln spielt. Der Frühzeitmensch tritt der Welt nicht wie der moderne Mensch „objektiv" gegenüber,

sondern er projiziert seine Gefühle und Wertungen in die Außenwelt hinein. Die Welt ist so, wie sie gefühlt wird. Und auf Grund der erlebten Einheit vermag der Mensch – wie im Traum – von innen her diese sogenannte Außenwelt zu beherrschen und zu gestalten. Es ist die Haltung, die im Märchen noch nachklingt, wenn es da heißt: „In den alten Zeiten, als das Wünschen noch geholfen hat." In den Mythen projiziert der Frühzeitmensch seine inneren Erfahrungen, seine Ängste und seine Wünsche nach außen und glaubt im kultisch vollzogenen Mythos jene Wirklichkeit, die er erfahren hat, selbst darzustellen und heilsame Urgeschehnisse immer neu zu verwirklichen.
Die soziologischen Konsequenzen aus dieser Grundeinstellung lassen sich am besten durch eine kurze Besinnung auf das Verhältnis von Abhängigkeit und Selbständigkeit deutlich machen. Wenn wir behaupten, daß der einzelne noch nicht in selbständiger und vereinzelter Existenz lebt, so soll das natürlich nicht heißen, daß der einzelne in der Naturreligion noch keiner persönlichen Entscheidung in allen Zonen des profanen Lebens fähig wäre. Aber in seiner metaphysisch-religiösen Existenz ist er total abhängig von den umgreifenden sakralen Gemeinschaften des Dorfes, der Totemgemeinschaft, des Männerbundes usw. Diese Gemeinschaften erfassen und umfassen das *eigentliche* Leben des sekundären einzelnen. Es gibt hier keine „privaten Zonen" (E. Rothacker). Wir haben es also hier mit „verbundenem Dasein" im exemplarischen Sinne des Wortes zu tun.

Aus: Gustav Mensching, Die Religion. Schwab Verlag, Stuttgart 1959, s. 22–24

Ethische Grundsätze bei afrikanischen Stämmen

Für die Lovedu (Transvaal) ist das menschliche Leben ein so hoher Wert, daß sie höchst erstaunt sind, wie man in der westlichen Kultur den Tod im Straßenverkehr ohne Protest hinnehmen kann; Menschen sind für sie wichtiger als Geschwindigkeit. Den Tembujungen (Südafrika) wird bei der Initiation ans Herz gelegt, nicht zu stehlen, nicht zu streiten und keinen unerlaubten sexuellen Umgang zu haben. Ein Lehrstück der Dschagga (Ostafrika) beginnt mit dem Hinweis, daß es einen Beobachter gibt, der auf die Menschen achtet. Der Mensch kann sich soviel anstrengen wie er will, wenn die Gottheit ihm nicht hilft, erreicht er doch nichts; das muß den jungen Mann zur Bescheidenheit mahnen.
[...]
Dieses Realitätsbewußtsein bringt es auch mit sich, daß man sich der eigenen Schwachheiten voll bewußt ist. Ein altes Gebet der Basuto (Südafrika) enthält folgenden Passus: „O Herr, wir sind solche Lügner, daß wir selbst dann, wenn der Fischschwanz noch aus unserem Munde ragt, schwören würden, keinen Fisch gegessen zu haben." Angesichts der großen Verschiedenheit der primitiven Kulturen ist es gefährlich, ein Bild des idealen Menschen aufzustellen, das für alle diese Kulturen in gleichem Maße gültig kein könnte. Radin hat das dennoch gewagt: „Der Idealmensch in allen primitiven Gemeinschaften ist der Mensch mittleren Alters, der seine Zunge im Zaum hat, nicht zu hastig ist in seinen Handlungen und der nicht redet, wenn er das, was er zu sagen hat, nicht bis in jede Einzelheit belegen kann."

Aus: Th. P. von Baaren, Menschen wie wir. Gütersloher Verlagshaus Gerd Mohn, Gütersloh 1964, S. 162/163

Ethische Grundsätze bei den Guaraŝug'wä in Ostbolivien

1. Ungehorsam

Als wichtigstes Anliegen erscheint in den Erzählungen der Gehorsam des Menschen gegenüber Janeramai und den Herren der verschiedenen Bereiche. Ungehorsam gegenüber Janeramai, dem Herrn der Tiere, der Berge und der Schlangen wird bestraft und die Einhaltung ihrer Gesetze belohnt.

2. Gleiches wird mit Gleichem vergolten

Nach dem Prinzip, daß Gleiches mit Gleichem vergolten wird, ahnden die Guaraŝug'wä den Mord, wie auch den Versuch und töten die betreffende Person. Mutwillige Zerstörung sowie Hinterlistigkeit werden bestraft, gegenseitige Hilfe, Freundschaft, Anerkennung und Achtung sowie Gehorsam gegenüber den Stammesältesten unbedingt gefordert.

3. Das Recht des Menschen auf freies Handeln

Das Recht auf freies Handeln, das selbstverständlich im Rahmen des traditionellen Stammeslebens verstanden wird und dadurch seine feste Umgrenzung erhält, wird jedem Individuum zugestanden. Der Guaraŝu, der sich das Recht vorbehält, frei und eigenständig zu entscheiden, wird jeden Versuch der Beeinflussung scharf zurückweisen und diese Forderung u. a. mit Gewalt verteidigen.

4. Sonstige Aussagen

Dem Guaraŝu erscheint die Faulheit als ein verwerfliches Laster, und derjenige, der Angst vor Gefahren hat, ist ein schlechter Indianer. Habgier, Lüge und Diebstahl sind wesentliche Delikte und werden als solche bestraft.

Im ehelichen Zusammenleben wird beiderseitige Treue gefordert. Abnorme Sexualität, wie allzuhäufiger Geschlechtsverkehr, Verkehr im hohen Alter und Inzest werden entweder mit dem Tode oder einer sonstigen harten Bestrafung geahndet. Homosexualität hingegen wird nicht als Verstoß erachtet, sondern im Rahmen der Privatsphäre gesehen.

Fremd ist dem Guaraŝu die Vorstellung einer Bestrafung im Jenseits, im Haus der Toten. Wohl kann die Strafe von dort kommen, aber Janeramai tritt nicht als strafender Gott der Toten auf. Das Verbrechen wird nur dort verfolgt, wo es stattfand, nämlich auf Erden.

Aus: Jürgen Riester, Die Pauserna-Guaraŝug'wä. Monographie eines Tupi-Guarani-Volkes in Ostbolivien. Verlag des Anthropos-Institutes, St. Augustin bei Bonn 1972, S. 327–328

Moralische Sprichwörter der Batak auf Sumatra

Wenn einer einmal lügt, so glaubt man ihm nicht mehr, so lange die Erde steht.
Ein einmal gesagtes Wort darf man nicht ändern.
Je höher du deinen Standplatz machst, um so tiefer ist dein Fall.
Höflichkeit ist Leben; Unhöflichkeit Verderben.
Wer nicht das Recht respektiert, den meidet man.
Auf dem Betrügen liegt kein Segen, besser ist es, Freundschaft zu schließen.
Wen man ermahnt, dessen Herz darf nicht im Zorn entbrennen.
Wenn einer höflich redet, so haben ihn alle gern.
Wenn der Zorn aufsteigt, denkt man nicht ans Verderben.
Erst lecke deine Lippen, dann sage dein Wort.

Alle Menschen wissen die Fehler ihrer Mitmenschen, um ihre eigenen Fehler kümmern sie sich nicht.
Schlage nicht den, der dich rücksichtsvoll behandelt, wirf nicht nach dem, der dir entgegenkommt.

Aus: Johannes Warneck, Die Religion der Batak. Dietrich'sche Verlagsbuchhandlung, Leipzig 1909, S. 122/123

E. Westermarck: [Ähnlichkeit und Verschiedenheit von Stammes- und hochkultureller Ethik]

Bei der Prüfung der Sittengebote der Naturvölker finden wir, daß sie in sehr hohem Grade denen der Kulturnationen ähneln. Unter allen Wilden verbietet die Sitte Mord und Diebstahl. Sie halten die Mildtätigkeit für eine Pflicht, preisen die Freigebigkeit als eine Tugend (ihre die gegenseitige Hilfeleistung regelnden Sitten sind oft weit bindender als die unsrigen), und viele von ihnen zeichnen sich durch große Wahrheitsliebe aus. Dennoch bestehen zwischen den Natur- und Kulturvölkern hinsichtlich der Anschauungen über das Verhalten in Sachen des Lebens, des Eigentums, der Wahrheit und des Verhaltens gegen andere Personen weitgehende Verschiedenheiten. Unter den Wilden gilt das Verbot des Mordes, des Diebstahls, der Unehrlichkeit in der Regel nur für den Verkehr innerhalb desselben Stammes oder Gemeinwesens; ebenso das Gebot der Wohltätigkeit und Freundlichkeit... Bei den gesitteteren Völkern hat die soziale Einheit sich vergrößert, der Stamm hat der Nation Platz gemacht, und der Kreis von Personen, innerhalb dessen die Zufügung von Unrecht verboten ist, hat demgemäß an Ausdehnung gewonnen. Aber die grundsätzliche Unterscheidung zwischen der Schädigung von „Landsleuten“ und der von „Ausländern“ ist bestehen geblieben. Sogar in der heutigen Kulturwelt sehen wir sie noch am Werk.

Aus: E. Westermarck, Ursprung und Entwicklung der Moralbegriffe. Leipzig 1909, Band II, S. 587–588. Zit. nach Carl Heinz Ratschow (Hrsg.), Ethik der Religionen. Kohlhammer Verlag, Stuttgart 1980, S. 106

Aufgaben zu Teil V,1: Ethik der Natur- und Volksreligionen

▷ Ausdrücke wie „Primitive, Wilde, Frühkultur, Naturvolk“, die von den Europäern geprägt wurden, suggerieren Entwicklungsdefizite und kulturelle Rückständigkeit, gelegentlich allerdings auch romantisch verklärte Naturverbundenheit. Nennen Sie dagegen sachliche Merkmale der Gesellungsform der Naturvölker. Wo liegen Gemeinsamkeiten, wo wesentliche Unterschiede zu den Gesellschaftsformen der heutigen westlichen Industriekultur?

▷ Westermarck entdeckte bereits 1909 als bedeutsames Merkmal stammeskultureller Ethik, daß in ihr der Fremde häufig schlechter behandelt wird und werden darf als das Mitglied der eigenen Sozialgruppe. Unterscheidet sich in diesem Punkt unsere heutige abendländische „Hochkultur“ grundlegend?

2. Die Sittenlehre des alten China

Gustav Mensching: **Die Religionen Chinas – Religionen der kosmischen Harmonie**

Auf dem Boden der uralten Volksreligion Chinas, die als Natur- und Ahnenverehrung zu umschreiben ist, haben sich, gestiftet von Konfuzius und Laotse, zwei sehr verschiedene Religionen entwickelt: der ethisch gerichtete Konfuzianismus und der mystisch gerichtete Taoismus. *Konfuzius* wollte die Welt in Ordnung bringen dadurch, daß er den „Weg" (= tao) des Menschen dem Weg des Himmels anzupassen suchte, indem er aus der Vergangenheit die Idealgestalten der großen Könige dem Volke vor Augen stellte und aus ihrem Verhalten die ethischen Prinzipien ableitete, die in Li, den Sitten, realisierbare Gestalt annahmen. Der Konfuzianismus mit seiner hochstehenden Moral wird leicht dahin mißverstanden, daß man in ihm nichts als eine nüchterne Tugendlehre sieht. Das ist indessen nicht zutreffend; denn durch das Verhalten, das Konfuzius lehrt, soll der Mensch in Harmonie mit der ewigen Ordnung des Kosmos treten und auf diese Weise ein vom Ewigen bestimmtes Leben führen. Das wird deutlich ausgesprochen in einem der heiligen, nur in der Redaktion durch Konfuzius vorliegenden Bücher, dem Li-ki, wo es heißt: *„Die Kraft der Sitte ist es, durch die Himmel und Erde zusammen wirken, durch die die vier Jahreszeiten in Harmonie kommen, durch die Sonne und Mond scheinen, durch die die Sterne ihre Bahn ziehen, durch die die Ströme fließen, durch die alle Dinge gedeihen, durch die Gut und Böse geschieden wird, durch die Freude und Zorn den rechten Ausdruck finden, durch die die Unteren gehorchen, durch die die Oberen erleuchtet sind, durch die alle Dinge trotz ihrer Veränderung nicht in Verwirrung geraten."* Da im Menschen die seit alten Tagen in China angenommenen Urpotenzen Yin und Yang, das weibliche, dunkle und das männliche, helle Prinzip, sich vereinen, hat er die Möglichkeit, von innen her durch Indienstnahme der kosmischen Entsprechungen auf das Geschehen in der Welt und in seinem Leben Einfluß zu gewinnen.

Laotse, der etwa 200 Jahre nach dem um 500 v. Chr. lebenden Konfuzius wirkte, hat in dem einzigen, von ihm hinterlassenen kleinen Werk, dem Tao-te-king, in 81 Aphorismen in prägnanter Kürze jene Mystik niedergelegt, die man Taoismus nennt. Tao wird hier nicht als der für den Menschen gangbare, im Ewigen verankerte „Weg" betrachtet, sondern als das göttliche Urwesen selbst, aus dem alle irdischen Erscheinungen einschließlich der Menschen hervorgingen. Die Verbindung mit dem Ursprung ist jedoch in der Menschenwelt mit ihren bewußten Zwecken und ihrem Streben nach konkreten ethischen Zielen abhanden gekommen. So entstand genau das, was wir die universal-religiöse Unheilssituation nennen. *„Gerät das große Tao in Verfall, so gibt es Menschenliebe und Gerechtigkeit",* sagt Laotse und will damit sagen, daß die – von Konfuzius gelehrte – Tugend, eben weil sie von außen fordernd dem Menschen gegenübertritt, ein Symptom einer generellen und existenziellen Isolierung vom Absoluten ist. Man brauchte die ethischen Ziele nicht zu fordern, wenn die Einheit mit dem Ewigen gegeben wäre, sie wären dann im Leben bereits notwendig verwirklicht. Nötig ist also die Rückverbindung mit dem Ewigen, „Rückkehr zur Wurzel", dann erwächst aus der von Laotse gelehrten Haltung des „wu wei", des Nichttuns, das von innen her bestimmte Handeln von selbst.

Wir müssen in diesem Zusammenhang kurz darauf hinweisen, daß was heute in China als Taoismus von den Tao-Zauberern vertreten und praktiziert wird, nichts mit der sublimen Mystik Laotses zu tun hat, die indessen in den einsamen Bergklöstern als Klostertaoismus noch am Leben ist.

Fragen wir nach soziologischen Konsequenzen, so ist vor allem auf die Tatsache hinzuweisen, daß in nachkonfuzianischer Zeit der Konfuzianismus bzw. das, was sich in nur sehr losem Zusammenhang mit den Lehren des Meisters Kung allmählich als Konfuzianismus herausbildete, die Staatsreligion Chinas wurde. Die Kenntnis der kanonischen Schriften wurde der alleinige Maßstab für die Befähigung zum Staatsdienst. Damit wurde die völlige Verschmelzung des konfuzianischen Gelehrtentums mit dem Beamtentum vollzogen. Es bildete sich so eine orthodoxe Institution, eine Art Kirchenstaat, dem Ende des 12. nachchristlichen Jahrhunderts in Tschu-Hi ein „Kirchenlehrer" erwuchs, der die Grundlagen der konfuzianischen Orthodoxie schuf. Kein Wunder also, daß es im konfuzianischen Staate auch eine Inquisition gab, die sich gegen Sekten wandte, die heterodoxe Lehren z. B. über jenseitige Vergeltung und jenseitiges Heil vertraten, Ahnentafeln in den Häusern entfernten und sich zur Führung eines mönchischen Lebens von der Familie trennten. Der Taoismus übernahm vom Buddhismus die kirchliche Organisationsform, wurde aber vom Konfuzianismus zur Ketzerei erklärt und als staatsgefährlich bezeichnet.
Der Klostertaosimus dagegen war als echte Mystik weltflüchtig und daher ohne Einfluß auf das öffentliche Leben. Die einzigen Gemeinschaften, die er bildete, waren die Klostergemeinschaften der in weltferner Einsamkeit lebenden Mönche.

Aus: Gustav Mensching: Die Religion. Schwab Verlag, Stuttgart 1959, S. 44–46

Beispiele ethischer Grundsätze bei Konfuzius

Natur, Ahnen, Meister als Wurzeln der Sitte
Die Sitte hat drei Wurzeln: Himmel und Erde sind die Wurzeln unsrer Natur, die Ahnen sind die Wurzel unsres Stammes, der Herr und Meister ist die Wurzel der Ordnung. Ohne Himmel und Erde gibt es kein Leben, ohne die Ahnen gibt es keine Abstammung, ohne Herrn und Meister gibt es keine Ordnung. Wenn diese drei Dinge irgendwie fehlen, so ist Sicherheit unter den Menschen unmöglich. Darum ist es Sitte, oben dem Himmel und unten der Erde zu dienen, die Ahnen zu ehren und den Meistern zu spenden. Das sind die drei Wurzeln der Sitte.
Die fünf Kapitalverbrechen
Große Verbrechen gibt es fünf: Empörung gegen Himmel und Erde – dies Verbrechen erstreckt sich auf fünf Generationen; Lästerung der Weisen und Helden – dies Verbrechen erstreckt sich auf vier Generationen; Empörung gegen die menschlichen Gesellschaftsbeziehungen – dies Verbrechen erstreckt sich auf drei Generationen; Lästerung der Geister und Götter – dies Verbrechen erstreckt sich auf zwei Generationen; Mord eines Menschen – dies Verbrechen trifft nur den Verbrecher selbst. Darum: Große Verbrechen gibt es fünf, und der Mord eines Menschen ist das geringste unter ihnen.
Ehrfurcht im Leben und im Tod
So verhält sich der ehrfürchtige Sohn zu seinen Eltern: Zu ihren Lebzeiten tut er seine Pflicht, um sie zu stützen; nach ihrem Tode naht er ihnen mit Trauer; bei den Opfern naht er ihnen mit Ehrfurcht. Auf diese Weise vollendet er die Kindesehrfurcht.
Mann und Frau
Mann (Nan Dsï) bedeutet der „Verantwortliche" (Jen); Sohn (Dsï) bedeutet der „Nachwuchs" (Dsï). Ein Mann heißt der, der dem Weltsinn von Himmel und Erde gegenüber die Verantwortung übernimmt und allen Dingen als Führer zu dem

für sie Rechten vorsteht. [...] Frau (Nü Dsï) bedeutet die „Ähnliche" (Ju). Die Frau ist also die, die durch Belehrung dem Mann „ähnlich" wird, der über dem Aufbau ihrer Pflichten waltet. Darum heißt sie Ehefrau (Fu Jen). Ehefrau (Fu Jen) ist die dem Manne Unterworfene (Fu Yü Jen). Darum hat sie nicht das Recht auf selbständige Entscheidung, sondern die Pflicht zu dreifachem Gehorsam. Zu Hause ist sie dem Vater unterworfen, in der Ehe dem Gatten und nach dem Tode des Gatten dem ältesten Sohn. Sie wagt in nichts ihrem eigenen Kopf zu folgen. [...]

Sieben Gründe der Ehescheidung

Es gibt sieben Gründe, aus denen ein Mann seine Frau entläßt. Wenn sie den Eltern (des Mannes) nicht folgt, entläßt er sie. Wenn sie keinen Sohn hat, entläßt er sie. Wenn sie zuchtlos ist, entläßt er sie. Wenn sie eifersüchtig ist, entläßt er sie. Wenn sie eine böse Krankheit hat, entläßt er sie. Wenn sie zuviel redet, entläßt er sie. Wenn sie stiehlt, entläßt er sie.

Drei Gründe gegen Ehescheidung

Es gibt drei Gründe, aus denen eine Frau nicht verstoßen werden darf. Wenn sie nach der Heirat niemand hat, zu dem sie sich flüchten könnte, entläßt man sie nicht. Wenn sie mit ihrem Manne die dreijährige Trauerzeit um Vater und Mutter zusammen verbracht hat, verstößt er sie nicht. Wenn sie mit ihrem Mann gemeinsam Armut und Niedrigkeit getragen und er reich und vornehm geworden ist, verstößt er sie nicht.

Überwindung der Versuchung

Der Edle, wenn er Gewinn vor sich sieht, denkt er an die Schande, wenn er Böses sieht, denkt er an die üble Nachrede, in der Versuchung sinnlicher Begierden denkt er an die Beschämung, bei Ärger und Zorn denkt er an das Unheil, das dadurch angerichtet werden kann. Der Edle wahrt mit Furcht und Zittern sein Leben lang diesen Standpunkt.

Selbstbeherrschung durch Nachdenken

Der Edle besiegt seine Triebe durch Nachdenken. Er denkt, ehe er sich bewegt; er überlegt, ehe er handelt. Beim Handeln denkt er daran, es so zu machen, daß man darüber reden kann. Beim Darüberreden denkt er daran, daß es sich wiederholen läßt. Beim Nachdenken über die Wiederholung denkt er daran, daß es sich darum handelt, daß er von seinen Worten nichts zurücknehmen muß. Das mag man als vorsichtig bezeichnen.

Die goldene Mitte

Der Edle ist ehrerbietig, aber nicht umständlich, ruhig, aber nicht lässig, bescheiden, aber nicht unterwürfig, frei, aber nicht ungebunden, freigebig und nicht knickerig, gerade, aber nicht zufahrend. Das mag man als selbstlos bezeichnen.

Die goldene Regel

Darum ordnet der Edle den Menschen durch den Menschen, er verändert ihn nicht, sondern bessert ihn nur.

Gewissenhaftigkeit und Mitgefühl [Bewußtsein des Zentrums und der Gleichartigkeit der andern mit dem Selbst] lassen dich nicht weit vom Weg abirren. Was du nicht liebst, wenn es dir selbst angetan wird, das tue du keinem andern Menschen an.

Aus: Li Gi. Das Buch der Sitte. Übersetzt aus dem Chinesischen und erläutert von Richard Wilhelm. Dieterichs Verlag, Düsseldorf o. J., S. 203, 274, 143, 272–274, 134, 135, 30

Gustav Mensching: [Die konfuzianische Ethik]

Den Grundcharakter und die soziale Zielsetzung der konfuzianischen Ethik drückt nach den Lun Yü (den Gesprächen des Konfuzius mit seinen Jüngern) folgendes Wort des Meisters treffend aus: „Leite es (das Volk) durch Gesetze und regiere es durch Strafen, so wird sich das Volk der Strafe entziehen, ohne Scham zu empfinden. Leite es durch *Tugend* und regiere es durch *Li* (Riten als Ausdruck innerer Gesinnung), so wird es Scham empfinden und überdies sich bessern“ (II, 3).

[...]

Das ethische Denken des Konfuzius hat zwei Pole: den Einzelnen und die Gemeinschaft. Gegenstand besonderen und primären Interesses des Meisters ist der Einzelne als Führerpersönlichkeit. Der Einzelne wird daher von Konfuzius nicht als Glied der Masse oder als isoliertes Subjekt einer universal gültigen Ethik betrachtet, sondern als Führender und damit als Träger einer aristokratischen, volksbezogenen aber nur für wenige zugänglichen Ethik. Nur die reife Führerpersönlichkeit, d. h. der ethisch Vollendete, kann das Volk in Ordnung bringen.

„Ein vornehmer Charakter hat auf seine Umgebung einen erhöhenden Einfluß, in dem er nur durch die verborgenen Wirkungen seines Wesens alles Gute und Schöne, das im Menschen schlummert, hervorlockt und zu seiner Verwirklichung mithilft.“ (Lun Yü XII, 16)

Das Sein der Werte im Führer, dem Edlen, ist also die Voraussetzung für eine wirksame Regierung. So wird also auch die Ethik des Einzelnen, die Individualethik, sogleich auf die Gemeinschaft bezogen und wird damit zur Sozialethik.

[...]

Drei Werte stehen im Mittelpunkt der konfuzianischen Ethik: Kindesliebe, Menschenliebe und Gerechtigkeit. Die Kindesliebe (Pietät) bedeutet das für die chinesische Grundhaltung schon vor Konfuzius so charakteristische Sicheinfügen des Einzelnen in den Familienorganismus und durch ihn in die große Staatsfamilie:

„Menschen, die kindesliebend und bruderliebend sind und es dennoch lieben, sich der Obrigkeit zu widersetzen, sind selten.“ (Lun Yü I, 2) [...]

Menschenliebe und Gerechtigkeit sind nach konfuzianischer Ansicht Eigenschaften der menschlichen Natur. Deshalb sagt z. B. der große konfuzianische Moraltheoretiker Mengtse (372–289 v. Chr.) „Menschenliebe, Gerechtigkeit, Anstand und Weisheit sind nicht von außen her in uns hineingegossen, sie sind vielmehr unser fester Besitz, nur denken wir nicht daran. Daher heißt es: Wer sie sucht, bekommt sie, wer sie beiseite läßt, verliert sie.“ Darin zeigt sich der dem Konfuzianismus eigene Optimismus in der Beurteilung der Natur des Menschen. [...]

Ethik bedeutet für Konfuzius weniger Bekämpfung böser Neigungen im Sinne des Kantischen Radikal-Bösen sondern Pflege der naturgegebenen guten Anlagen und Möglichkeiten:

„Daß Anlagen nicht gepflegt werden, daß Gelerntes nicht besprochen wird, daß man seine Pflicht kennt und sie nicht tut und nicht davon angezogen wird, daß man Ungutes an sich hat und nicht imstande ist, es zu bessern – das sind Dinge, die mir Schmerz bereiten. (Lun Yü VII, 3)

Hier wird also deutlich die natürliche Affinität des Menschen gegenüber den ethischen Werten ausgesprochen. Der Kommentar sagt denn auch zu den oben zitierten Worten:

„Die geistigen Anlagen sind ein Geschenk des Himmels, der Mensch hat die Aufgabe, diese Anlagen so zu pflegen, daß sie sich entfalten können.“

Der Mensch ist also von Haus aus nach Konfuzius gut. Das Böse ist also die Abweichung vom natürlichen Leben und die Unterdrückung der gottgegebenen Anlagen. Die Idee der Sünde im religiösen Sinne ist dem Konfuzianismus fremd.

Aus: Gustav Mensching, Gut und Böse im Glauben der Völker. Klotz Verlag, Stuttgart ^{2}1950, S. 34–40

Ansätze für eine Ethik der Gewaltlosigkeit bei Laotse

Soldaten sind Waffen des Bösen,
Sie sind nicht die Waffen des Edlen.
Wenn man nicht anders kann, als Soldaten zu verwenden,
Ist die beste Politik ruhige Zurückhaltung.

Sogar im Sieg liegt keine Schönheit,
Und wer ihn schön nennt, ist einer,
Der sich an der Schlächterei freut;
Und wer sich an der Schlächterei freut,
Wird in seinem Ehrgeiz, die Welt zu beherrschen, keinen Erfolg haben.

Die Hinschlachtung von Scharen müßte voll Kummer betrauert werden,
Ein Sieg müßte mit dem Bestattungsritus gefeiert werden.

*

Ich habe drei Schätze;
Bewahre und hüte sie:
Der erste ist die Liebe.
Der zweite heißt: nie zu viel.
Der dritte ist: nie der Erste sein.
Durch Liebe hat man keine Angst,
Durch nie zu viel tun hat man Weite (der Kraftreserven),
Durch das sich nicht unterfangen, der Erste zu sein,
Kann man seine Anlagen entwickeln und reifen lassen.

Denn die Liebe ist siegreich im Angriff,
Und unverwundbar in der Verteidigung.
Der Himmel bewaffnet mit Liebe
Die, welche er nicht zerstört sehen will.

*

Ob groß, ob klein, ob viel, ob wenig,
Vergeltet Haß mit Tugend.

Aus: Die Weisheit des Laotse. Hrsg. von Lin Yutang. Fischer Taschenbuch Verlag, Frankfurt a. M. 1955/198, S. 123, 203 und 196 (Tao te king 31, 67, 63)

Ernst R. Sandvoss: **[Laotses taoistische Ethik]**

Laotse sah die Stärke in der Schwäche, die Kraft in der Ruhe und erkannte, daß der Sieg eine Niederlage und die Niederlage ein Sieg sein kann. Sein Symbol war das Wasser, das weich ist und sich an niederen Orten sammelt, die alle verachten, das aber auf die Dauer das Harte besiegt und allen Wesen nützt. Das Weibliche ist nach Laotse dem Männlichen überlegen. Das „Tao“ ist der Weg, das Urprinzip, der Weltgrund, aus dem das Weltgeschehen seinen Anfang nimmt und in das es einmündet, ein ewiger Kreislauf, in den Natur und Mensch einbezogen sind. Höhepunkt ist beginnender Abstieg, Tiefpunkt beginnender Aufstieg. Das „negative“ Prinzip „Yin“, mehr Symbol als definierbarer Begriff, ist still und passiv, das „positive“ „Yang“ ruhe- und rastlos. Nur das „Tao“, das Weltgesetz, bleibt sich ewig gleich. Der Mensch kann mehr durch Anpassung an die Natur, durch Nichthandeln erreichen als durch Emsigkeit und Geschäftigkeit. Der Weise will die Welt nicht verändern, sondern eher zum Urzustand zurückkehren. Aus der Versenkung in das „Tao“ gewinnt er seine Kraft, das „Teh“. „Teh“ ist verkörpertes „Tao“, sein Abglanz, und bedeutet u. a. soviel wie Güte, Genügsamkeit, Aufrichtigkeit. Das „Teh“ wächst im Menschen bei entsprechender Pflege zum „Wu-wei“ heran, zur geräuschlosen Wirksamkeit, die vom „Tao“ getragen wird. Der Mensch, in dem das „Wu-wei“ erstarkt ist, ist selbstlos, unscheinbar, aber ein Bündel von Kraft, die er ausstrahlt. Er verbreitet Segen um sich und ist Gegner aller Gewalt.

Aus: Ernst R. Sandvoss (Hrsg.), Ethik. Arbeitstexte für den Unterricht. Reclam Verlag, Stuttgart 1981, S. 30/31

Gustav Mensching: **[Zum Gegensatz zwischen taoistischer und konfuzianischer Ethik]**

Vergleichen wir zum Schluß noch einmal Konfuzius und Laotse miteinander, so zeigen sich die bedeutsamen Unterschiede, kurz zusammengefaßt, in folgenden divergenten Grundhaltungen: bei beiden Meistern erscheint der Heilige als der Führer, aber bei Konfuzius ist der Edle, der sittlich Vollendete, der Heilige, während bei Laotse der Heilige nicht primär der durch sittliche Qualitäten Ausgezeichnete ist, sondern der Taoverbundene, in dem das Ewige still und unbewußt wirkt, der daher ohne Absichtlichkeit auf das Volk seinen unwiderstehlichen Einfluß ausübt. Bei Laotse haben wir also eine direkte, bei Konfuzius eine indirekte Beziehung der Ethik zur Religion. Genauer gesagt: Lao-Tse lehnt die Ethik als System geforderter Pflichten ab. [...] Ethisches Handeln erscheint bei Laotse als die nicht erstrebte, aber notwendig sich ergebende Konsequenz aus der Verbundenheit mit dem Absoluten. Bei Konfuzius ist dagegen die Ethik der Ansatzpunkt, um zur Harmonie mit dem Unendlichen zu kommen. Man kann den hier vorliegenden Gegensatz prägnant in folgenden Sätzen aussprechen: Der sittlich Vollendete kommt durch seine ethische Vollkommenheit zum Kontakt mit dem Tao – das ist die Meinung des Meisters Kung. Der mit dem Tao Verbundene, in der Unio mystica primär die Lebenskraft des Absoluten seinem individuellen Leben Zuführende ist auch sittlich vollendet.

Aus: Gustav Mensching, Gut und Böse im Glauben der Völker. Klotz Verlag, Stuttgart, [2]1950, S. 44/45

Aufgaben zu Teil V,2: Die Sittenlehre des alten China

- ▷ Erläutern Sie die Grundlehren von Konfuzius und Laotse, insbesondere die Begriffe Tao/Te und Yin/Yang, und stellen Sie die Ähnlichkeiten und Unterschiede dieser Lehren dar.
- ▷ Konfuzius hat als einer der ersten die sogenannte „Goldene Regel“ („Was du nicht willst, das man dir tu, das füg auch keinem anderen zu“) formuliert. Allerdings ist diese Regel auch in allen anderen Religionen bekannt. Tragen Sie die entsprechenden Stellen aus dem Leseheft zusammen. Was könnte der „Goldenen Regel“ eine so große Verbreitung verschafft haben?
- ▷ Diskutieren Sie die unterschiedliche Bewertung des Weiblichen bei Konfuzius und Laotse.
- ▷ Vergleichen Sie die Ethik der Gewaltlosigkeit bei Laotse mit den verwandten Vorstellungen Gandhis (s. u., S. 51 f.) und Jesu (s. u., S. 90 f.).

3. Hinduistische Ethik

Gustav Mensching: **Der Hinduismus – Die Religion des ruhenden Einen und der einenden Ruhe**

Wenn wir uns dem Hinduismus zuwenden, so muß zunächst gesagt werden, daß die Bezeichnung Hinduismus eigentlich keine Religionsbezeichnung ist. Zwar ist unter Hinduismus auch alles mitbegriffen, was an Religion im heutigen Hindu-Indien lebt, und das sind sehr verschiedene Religionsformen (Naturreligion, primitive Volksreligion, mystische Hochreligion, polytheistische, monotheistische und theomonistische Religionsformen), aber es gehört zum Hinduismus auch das profane Leben im Rahmen der Kastenordnung. Der Hinduismus umfaßt also das gesamte Leben des einer Kaste angehörenden Hindu. Wenn wir nun hier nach dem Sondergeist der indischen Religionen (mit Ausnahme des Buddhismus) fragen, so schließen wir dabei natürlich die Primitivreligion in Indien aus und beziehen uns lediglich auf die ihrem Wesen nach universale Hochreligion. Ein Blick auf

Verkaufsstand mit religiösen Bildern in Indien. Einträchtig hängen hinduistische, islamische und christliche Bilder nebeneinander. Dies ist für Europäer befremdlich, für den Hindu aber selbstverständlich, denn ihm gelten alle Religionen als Erscheinungsformen des einen Weltgeistes.

die ungeheure Vielgestaltigkeit dieser indischen Hochreligion zeigt die Schwierigkeit, alle diese Formen auf eine einheitliche Basis zu reduzieren. Gleichwohl gibt es ein letztes einheitliches Lebenszentrum der indischen Hochreligionen, und das ist die Idee der Einheit des Seins und ihr Verhältnis zur Vielheit der Erscheinungswelt. Diese Formulierung zeigt, daß es sich hier um vorwiegend mystische Frömmigkeit handelt; denn das Ausgangserlebnis ist *das Eine*, von dem aus gesehen alle Vielheit Verdunkelung der Einheit ist. Schon in der Zeit des jüngeren Rigveda, des ältesten der vier Veden, taucht die Intuition des einen wahrhaft Seienden auf, wenn es vom „Anfang" alles Daseienden heißt: „Nicht das Nichtseiende war damals und auch nicht das Seiende ... Das Eine atmete ohne Wind aus eigener Kraft, nichts anderes als dieses gab es." Dieses göttlich Eine nun wird erfahren in der letzten Wesenstiefe hinter allen individuellen Seelenkräften als das impersonale Selbst, als âtman, und hinter und in der Gestaltenfülle der Außenwelt als das göttliche Selbst dieser Welt, als brahman. Diese Ideen bilden bekanntlich die Grundlage der Mystik der Upanishaden. Diese Mystik aber kreist als echte Universalreligion (jedoch in volksgebundener Gestalt) um eine Unheilsituation des einzelnen, die darin liegt, daß der âtman in den Körper gebannt ist und nach dem Tode immer neu sich zu verkörpern gezwungen ist je nach den Taten (Karma-Gesetz), die der Mensch bzw. die Wesen vor ihrem Tode in ihrer letzten Verkörperung begingen. Dieser unheilvolle, weil vom Heil der Einheit des Seins getrennte Geburtenkreislauf wird durch das Begehren immerfort in Gang gehalten. Das Begehren fesselt den âtman an die Gestaltenwelt. Das Begehren also, auch wenn es sich auf Gutes richtet, muß ertötet werden, damit die Unio mystica mit dem absoluten Selbst, dem brahman, hergestellt werden kann. Von dem Erlösten heißt es in einer Upanishad: „Brahman ist er, und zum Brahman geht er ein."

Wir haben nun im Rahmen dieser kurzen Erfassung der Lebensmitte indischer Hochfrömmigkeit keine Möglichkeit, zu zeigen, wie sich aus den angedeuteten mystischen Grundideen im Laufe der Zeit sowohl die sogenannte Vedânta-Philosophie in ihren mancherlei Schattierungen entwickelt hat, noch auch im einzelnen darzustellen, wie im nachbuddhistischen Hinduismus neue religiöse Motive wie vor allem die Gottesliebe (bhakti) und die verschiedenen großen Einzelgottheiten (vor allem Vishnu und Shiva) auftauchen, um die sich monotheistische Gemeinden bilden. Bei aller Mannigfaltigkeit dieser Religionsformen bleibt doch die einheitliche Lebensmitte erhalten, die sich in einem Gebet ausspricht, das folgenden Wortlaut hat: „ Aus dem Nichtsein führe mich zum Sein, aus dem Tode führe mich zum Leben." Auch die Religionen der mystischen Gottesliebe in Indien drehen sich um dieselbe Achse: stets ist das Gebanntsein in samsâra, den Geburtenkreislauf, die unheilvolle Ausgangssituation, und stets ist das Ziel die mystische Einheit mit der Gottheit und damit das wahrhaft ruhende Sein.

Die soziologische Grundlage dieser Glaubenswelt ist die Kastenordnung Indiens [...]. Die Geburt innerhalb der Menschenwelt erfolgt an bestimmter Stelle der Kastenordnung, die selbst zu den aus dem Einen emanierten [ausströmenden] Gestaltungsformen der Vielheit gehört. Nach dem Gesetz der Tat erscheint daher die bestimmte Kastenzugehörigkeit nicht als Zufall, sondern als unabänderliche Notwendigkeit. Menschliche Existenz ist im Hinduismus Existenz in der Kaste. Sie ist der Lebensraum des einzelnen.

Aus: Gustav Mensching, Die Religion. Schwab Verlag, Stuttgart 1959, S. 41–43

Die Erfüllung des eigenen Dharma als Kern der hinduistischen Ethik

Gut tut, wer *eigener* Kaste Pflicht erfüllt, selbst wenn ihn dies nicht freut. Gefährlich spielt, wer das vollbringt, was fremde Kastenpflicht gebeut. (III,35)
Drum liege *deiner* Pflicht nur ob; und läßt dich auch die Kraft im Stich: wer tut, was sein Beruf gebeut, der ladet keine Schuld auf sich. (XVIII,47)
Du darfst der Pflicht dich nicht entziehn, entbehrt sie auch der Mängel nicht, denn Übel sind in jedem Tun, auch Rauch umhüllt des Feuers Licht. (XVIII,48)

Aus: Bhagavadgita. Das Lied der Gottheit. Aus dem Sanskrit übersetzt von Robert Boxberger, neu bearbeitet und hrsg. von H.v. Glasenapp, Reclam Verlag, Stuttgart 1962, S. 37 u. 99

Erläuterung

Der zentrale Begriff der hinduistischen Ethik ist Dharma. Das ist ein Wort mit vielen Bedeutungen: es meint Regelmaß, Ordnung, Harmonie in Welt und Gesellschaft. Es gibt den Dharma für die Sonne, damit sie täglich aufgeht; Dharma für den Fluß, dem Meer entgegenzufließen; Dharma für den König, seine Untertanen zu beschirmen; Dharma für die Frau, ihrem Mann zu dienen usw. Wenn wir das Wort in seinem begrenzten Sinn als Regel der menschlichen Handlungen nehmen, kommen wir ihm mit der Übersetzung „Pflicht" am nächsten. Menschen müssen ihr Dharma erfüllen, ihre Pflicht tun.

Diese Pflichten werden in den Dharma-Büchern genannt, die in alten Zeiten geschrieben wurden. Das berühmteste Dharma-Buch ist das von Manu, dessen endgültige Form vermutlich im 2. Jahrhundert n. Chr. entstanden ist. Solch ein Dharma-Werk ist sehr breit angelegt. Das Buch von Manu beginnt mit der Schöpfung: es gibt Regeln für die Pflichten der Stände, aber auch für das Studium der Veden und für die Zeremonien.

Suchen wir nach einem Grundsatz, der die Pflichten des Menschen gegenüber seinen Mitmenschen ordnet, dann begegnen wir im Hinduismus dreimal vier Hinweisen. Zunächst unterscheiden die Hindudenker vier Ziele des Menschen: Kama oder Genuß, Artha oder Wohlfahrt, Dharma oder die Erfüllung der religiösen und sozialen Gesetze, Moksha oder Erlösung. Das Nachjagen hinter Kama und Artha darf kein selbständiges Ziel werden. Es muß der Erfüllung des Dharma dienstbar werden, und die Erfüllung des Dharma muß wiederum dem Moksha untergeordnet sein; denn wie wir schon sahen, bleibt die Erlösung das höchste Lebensziel.

Die zweite Vierzahl sind die vier Lebensphasen des Schülers, des Hausvaters, des Klausners in den Wäldern und des einsam umherwandernden Asketen. Für jede dieser Phasen gelten bestimmte Regeln; und wer dem Dharma des Lebens gehorcht, das er in einer bestimmten Phase führt, erfüllt auf diese Art seine Pflicht.

Die dritte Vierzahl ist wohl die wichtigste: Die Pflicht eines Menschen wird bestimmt durch den Stand, zu dem er gehört. Der Varnadharma, die Gesamtheit der Pflichten, der man als Glied eines Standes nachkommen muß, bestimmt das soziale Leben. Für den Brahmanen ist es vor allem die Pflicht zum Studium, die Pflicht zur religiösen Unterweisung, zum Opferbringen, zur Liebestätigkeit; für den Kshatriyas (Ritterstand) ist es der Schutz der Untertanen, Liebestätigkeit und Befreiung vom sinnlichen Genuß: Für die Vaishyas (Bauern und Händler) ist es Viehzucht, Landbau, Handel und ebenfalls Liebestätigkeit: und für die Shûdra (Diener oder Sklaven) ist es Pflicht, den drei höheren Ständen zu dienen.[1]

Nun gilt es als wichtigste Regel, daß jeder sich an den Dharma seines eigenen Stan-

des zu halten hat. „Besser ist es, den eigenen Dharma unvollkommen zu erfüllen, als den eines anderen vollkommen.“
Damit sind wir beim Kern der hinduistischen Ethik: Wir könnten sie definieren als Erfüllung des Dharma, der für jenen Platz gilt, den ein Mensch in Leben und Gesellschaft einnimmt.
Es ist unmöglich, eine ausführliche Übersicht über die ethischen Regeln zu geben, die in den verschiedenen Zeiten und von so vielen Strömungen formuliert worden sind. Wohl können wir, nach dem Umriß der Pflichten für die verschiedenen Stände, noch kurz auf die Regeln für die vier Lebensphasen näher eingehen, die ein Hindu – wenigstens nach dem Ideal – durchlaufen kann:
Im Alter von 8 bis 12 Jahren tritt der Junge in die Phase des Schülerdaseins ein. Er erhält dafür eine Einweihung, die als zweite Geburt betrachtet wird (dieses Vorrecht genießen alle Mitglieder der drei höheren Stände). Während der folgenden Jahre (bis ins Alter von ungefähr 25 Jahren) lebt er im Hause seines Lehrers und muß sich ganz den drei Zielen widmen: der Aneignung religiösen Wissens, Charakterbildung und Vorbereitung auf seine spätere Verantwortung. Gehorsam gegenüber dem Guru ist höchste Pflicht.
In der folgenden Lebensperiode nimmt man seinen Platz in der Gesellschaft ein. Der eheliche Stand erhält dann volle Aufmerksamkeit. Die monogame Ehe steht in hohen Ehren und wird als religiöse Pflicht betrachtet. Mann und Frau bleiben in gegenseitiger Treue und Hingabe bis an den Tod miteinander verbunden. Wohl geht der Mann in allen Dingen vor, zumal auch beim Verrichten der täglichen Hausriten, aber die gehorsame Mitarbeit der Frau ist unentbehrlich.
Hat der Hindu seine Pflichten als Hausvater erfüllt, kommt die Zeit, in der er als Klausner leben kann, um sich ganz dem geistlichen Leben zu widmen. In dieser dritten Phase steht er aber noch nicht ganz außerhalb der Gesellschaft. Er kann gemeinsam mit seiner Frau leben, und er hat die Pflicht, seine Erfahrung und Weisheit der Gemeinschaft zur Verfügung zu stellen.

Yogi auf dem Weg in die Bergeinsamkeit

Diese Pflicht hört auf, wenn der Hindu in einer (eventuellen) letzten Lebensphase die Bindung zur Gesellschaft endgültig aufgibt und sich in absoluter Einsamkeit ganz dem Erreichen der Erlösung widmet.

Aus: Antworten – Ein Vergleich der großen Weltreligionen in Wort und Bild. Hrsg. von Jan Sperna-Weiland. Benziger Verlag, Köln 1977

---

[1] Der berühmte Rigveda-Hymnus 10, 90 erzählt in der 12. Strophe, daß aus den Gliedern des Purusha, des Urwesens, die soziale Ordnung des Hindutums hervorgegangen sei, die in den vier Kasten ihren Ausdruck gefunden hat. Es heißt:
„Zum Brâhmana ist da sein Mund geworden,
Die Arme zum Râjanya sind gemacht,
Der Vaishya aus den Schenkeln, aus den Füßen
Der Shûdra damals ward hervorgebracht.«
Das will besagen: Wie der Organismus des Leibes von dem Munde kraft der ihm entströmenden Rede, geistig geleitet, von den Armen geschützt, von den Schenkeln gestützt und von den Füßen getragen wird, so der Organismus des brahmanischen Staates von den Brahmanen, Kshatriyas (Râjanyas), Vaishyas und Shûdras.
Diese Stelle der heiligen Schrift ist die große Urkunde der eigenartigen Gesellschafts-Verfassung der Hindus, die auf die Weltschöpfung zurückgeführt wird und bis zum heutigen Tage in Kraft steht.
Aus: Helmuth von Glasenapp (Hrsg.), Indische Geisteswelt. Holle Verlag, Baden-Baden 1959, Band II, S. 255

Verschiedene Moralsprüche und praktische Lebensregeln

Mein lieber Freund, du denkst in deinem Sinn,
Wenn niemand um dich ist, du seist allein,
Doch wisse, stets wird in dem Herzen dein
Ein Richter über Gut und Böse sein.

Willst Rat du halten, steig' auf einen Berg,
Geh' sonst an einen abgelegnen Ort,
Steig' auf des Schlosses Zinne oder geh'
Tief in den Wald, und dann berate dort.
Am Ausseh'n, an Gebärden und am Gange,
An den Bewegungen und an den Reden,
Am Spiel der Augen, an des Mundes Spiel,
Erkennt man die Gesinnung eines jeden.

*

Der Baum ißt selbst nicht seine süßen Früchte,
Es trinkt der Fluß nicht seine eignen Fluten
Und für sich selber regnet nicht die Wolke:
Zum Nutzen and'rer dient die Kraft der Guten.

Dem, der uns selbst Wohltaten hat geschenkt,
Dem wohlzutun kann ein Verdienst nicht heißen,
Doch, wer dem Gutes tut, der ihn gekränkt,
Der wird als gut gepriesen von den Weisen.

Kommt ein Niedriger in die Behausung
Eines Mannes aus der höchsten Kaste
Ist er dennoch nach Gebühr zu ehren:
Jeder schuldet Ehre jedem Gaste.

Wer in seinen Knabenjahren nicht die Wissenschaften pflegt,
Wer als Jüngling nicht besonnen bleibt, wenn sich die Liebe regt,
Wird im Alter dann von vielen sich gering geachtet sehn,
Und wie Lotos in der kühlen Jahreszeit zugrunde gehn.

*

Höre nun den Kern der Sittenlehre,
Höre ihn und laß von ihm dich leiten:
Was dir selbst zu dulden leidvoll wäre,
Darfst du auch den andern nicht bereiten.

Nicht verletzen, Wahrheit, nicht stehlen, Reinheit,
Zügelung der Sinne, Freigiebigkeit, Bezähmung,
Milde und Geduld sind Pflichten aller Menschen.

Altindisches Spruchgut, zitiert nach: Helmuth von Glasenapp, Indische Geisteswelt. Holle Verlag, Baden-Baden 1959, Band I, S. 137, 169–171 und Band II, S. 258

Klaus Klostermaier: **Allgemeine und besondere Regeln moralischen Verhaltens im Hinduismus**

Eine Moral im eigentlichen Sinne, die allgemein und unter allen Umständen für alle Menschen gültig wäre, gibt es im Hinduismus nicht: jeder hat seinem Svadharma zu folgen, der dem einen vorschreibt, was er dem anderen verbietet, der dem einen zur Sünde macht, was für den anderen Pflicht ist. Manu erwähnt eine Anzahl von sādhāraṇadharmas, allgemeinen Regeln, die die Grundlage des varṇāśramadharma, der besonderen Regeln, bilden. Es sind dies die folgenden zehn Tugenden, die von allen geübt werden sollen: Beständigkeit (dhṛti), Verzeihen (kṣamā), Hingabe (dama), Nichtstehlen (cauryābhāva), Reinheit (śauca), Beherrschung der Sinne (indriyanigraha), Einsicht (dhī), Lernen (vidyā), Wahrhaftigkeit (satya) und Unterdrückung von Zorn (akrodha). Ein anderer Autor, Praśastapāda unterscheidet zwischen sāmānya- und viśeṣa-dharmas und fügt zu Manus Liste von allgemeinen Tugenden noch einige bezeichnende dazu: Glauben an die Religion (dharma śraddhā), das Gute für alle Wesen erstreben (bhū tahitatva), Aufrichtigkeit (anupadhā), Genuß von bestimmten Körnern und Samen zum Zwecke ritueller Reinheit (śucidravyasevana), Verehrung der von den Veden anerkannten Götter (viśiṣṭa devatā bhakti) und Fasten (upavāsa) sowie Vermeidung aller Unterlassungen bei den vorgeschriebenen religiösen Übungen (apramāda).

Man kann in gewissem Sinne die Yama-Niyama-Regeln, die ziemlich weit verbreitet sind und von ziemlich vielen Hindus akzeptiert werden, als Ausdruck einer „Moral" ansehen - aber mit beträchtlichen Einschränkungen. Unter „Yama" werden erwähnt: Gewaltlosigkeit (ahiṃsā), Wahrhaftigkeit (satya), Nicht-Stehlen (asteya), Enthaltsamkeit (bramacarya), Freiheit von Geiz. Unter Niyama fallen Reinlichkeit, Zufriedenheit, Vollzug von religiösen Reinigungsakten, Studium (des Veda) und - in Patañjalis Yoga: den „Herrn" (Īśvara - Gott) zum Motiv aller Handlungen zu machen. Jede Beurteilung und Vergleichung fällt schwer wegen der ständigen Überschneidung von moralischer Reinheit, ritueller Reinheit und besonderen Vorschriften für besondere Stände oder für die Erreichung besonderer Ziele. - Die populäre Literatur des Hinduismus enthält unzählige schöne Geschichten und Lehrverse, die dem Volk in ansprechender Form moralische Unterweisung geben: um auch Nicht-Sanskrit-Quellen zu Worte kommen zu lassen, ein paar Verse aus dem Tirukkural, dem heiligen Buch der Tamils, das in Tamilnād von den Hindus als „Tamilveda" bezeichnet und in Ehren gehalten wird. „Leute ohne Liebe denken nur an sich selbst, die Leute, die Liebe haben, entäußern sich ihres Selbst um anderer willen. - Himmel und Erde sind nicht genug der Belohnung für eine Freundlichkeit, die ohne Erwartung von Lohn getan wird. - Die Freude des Rachsüchtigen dauert nur einen Tag, die Freude des Friedensstifters währt immer. - Die da fasten und sich abtöten sind groß, aber größer sind, die Unrecht verzeihen. - Dies ist die höchste Weisheit: nicht Übles vergelten dem, der dir Übles antut." (Tirukkural 72, 101, 156, 160, 203)

Aus: Klaus Klostermaier, Hinduismus. J. P. Bachem Verlag, Köln 1965, S. 132/133

Sünde, Strafe und Befreiung im Hinduismus

Große und kleine Sünden (*Mahapatakas* und *Upapatakas*)

III, 227. Wer einen Brâhmana getötet, wer geistiges Getränk getrunken, ein Dieb, und wer das Ehebett seines Guru (Lehrers) befleckt, diese sind große Sünder sowie auch, wer mit ihnen verkehrt.

III, 228. Frecher Tadel der Gurus, Verspottung des Veda, Tötung eines Freundes sollen der Tötung eines Brâhmana gleich geachtet werden, wie auch das Vergessen des gelesenen Veda.
III, 229. Essen verbotener Speise, Falschheit und unwahre prahlerische Rede und das Küssen des Mundes einer Frau in ihren Regeln sind dem Trinken geistiger Getränke gleich.

Aus: Yajnavalkya-Smriti, zitiert aus H. v. Glasenapp, Indische Geisteswelt. Holle Verlag, Baden-Baden 1959, Band II, S. 262

Das Prinzip der Strafe

Jedes Geschöpf regieren die Strafen,
Unbehütet lassen sie keins.
Über uns wachen sie, auch wenn wir schlafen,
Straf' und Gesetz, spricht der Weise, sind eins.
Strafte der König für Missetaten
Nicht den Schuldigen, der sie getan,
Wie einen Fisch am Spieße braten
Würde der Starke den Schwächeren dann.
Krähen würden das Opfer verzehren,
Und die Hunde leckten daran.
Niemandem würde das Seine gehören,
Niedere maßten die Würden sich an.
Alle beherrscht die Strafe auf Erden,
Reine Menschen findet man kaum.
Nur durch die Furcht vor der Strafe werden
Welten und Wesen gehalten im Zaum.
Götter, Dämonen und himmlische Chöre,
Unholde, Vögel, der Schlangen Heer,
Wenn sich die Furcht vor der Strafe verlöre,
Alle erfüllten die Pflichten nicht mehr.

Aus: Manu-Smriti, VII, 18 und 20–23, zitiert aus H. v. Glasenapp, ebenda, Band I, S. 137 f.

Die Möglichkeit der Erlösung

6. Wer mir, was er auch vollbringt,
   Anheimstellt in Ergebenheit,
   Wer mir allein in Andacht dient,
   An mich nur denkt zu aller Zeit,
7. Den rette ich aus diesem Meer
   Des Wechsels von Geburt und Tod.
   Wer stets den Geist in mich vertieft,
   Der wird befreit aus Leid und Not.
8. Drum kehre dein Gemüt zu mir,
   Versenke deinen Geist in mich,
   So weilst du künftighin in mir,
   Das glaube, Tapf'rer, sicherlich.

Aus: Bhagavadgita. Das Lied der Gottheit. Aus dem Sanskrit übersetzt von Robert Boxberger, neu bearbeitet und hrsg. von H. v. Glasenapp, Reclam Verlag, Stuttgart 1962, S. 75

Klaus Klostermaier: **Sünde, Strafe und Befreiung im Hinduismus**

Die späteren Śāstras erweitern den Begriff der „großen Sünde“ mehrfach und fügen eine Reihe von Vergehen als gleichwertig an: Diebstahl eines Menschen, eines Pferdes, von Diamanten oder Land, Geschlechtsverkehr mit Angehörigen der niedrigsten Kasten, mit Verwandten oder mit einer Nonne. All dies wird mit dem Tode bestraft oder mit dem Abschneiden des sündhaften Gliedes.

Bezüglich der Upapātakas, der „gewöhnlichen Sünden“, herrscht noch mehr Unterschiedlichkeit in der Auffassung und Klassifizierung. Eine Autorität nennt fünf: Aufgeben des heiligen Feuers, Beleidigung des Guru, Atheismus, Bezug des Lebensunterhaltes von einem Nāstika (Ungläubigen, Veda-Verächter), Verkauf der Somapflanze. Die längsten Listen zählen über fünfzig spezifizierte „kleinere Sünden“ auf. Es finden sich neben Diebstahl, Ehebruch, Grausamkeit gegenüber den Eltern, Genußsucht, Usurpation des Priesteramtes auf gleicher Linie auch Vergehen wie Salzherstellung (Bruch eines Staatsmonopols), Unterrichten des Veda gegen Bezahlung, Atheismus (Leugnung des Jenseits und der Unsterblichkeit der Seele), Studium von falschen Śāstras, Töten einer Frau, Verheiratung des jüngeren Sohnes vor dem älteren, Aufstellen von Maschinen, die Lebewesen töten oder verletzten (z.B. einer Ölpresse), Verkauf der eigenen Frau. [...]

Die Kaste verliert, wer einem Brahmanen Schmerz zufügt, wer Dinge riecht, die er nicht riechen soll, wer betrügt und wer widernatürliche Unzucht begeht. Zur Strafe wurde in eine „gemischte Kaste“ versetzt, wer einen Esel, ein Pferd, ein Kamel, ein Reh, einen Elefanten, eine Ziege, ein Schaf, einen Fisch, eine Schlange oder einen Büffel tötete. – Die Sanktion von seiten der Kaste war eine Folge der Sünde – mehr rechtlich, juridisch –, aber weil die Kaste doch auch als Fundament der Religion verstanden wurde, ging diese Sanktion stark ins eigentliche religiöse Gebiet über und hatte ihre Nachwirkung besonders in späteren Geburten. Im Ṛgveda erscheint an einigen wenigen Stellen als Folge der Sünde der „Zorn der Götter“; auch Krankheit, Armut und Tod wurden als Sündenfolge verstanden.

[...] In den Purāṇas sind die Folgen der Sünde höllische Existenzen – auch Wiedergeburten als Wurm und Raupe, als Käfer und Fliege. Die einzelnen Sünden werden in genau spezifizierten Höllen bestraft.

Um den Begriff der „Sühne“ im Hinduismus zu verstehen, muß man die ziemlich technische Bedeutung von „Karma“ (seit den Upanishaden) kennen. „Die Tat vergeht nimmer: was immer eine menschliche Tat sei, gut oder bös, man wird nicht frei davon, es sei denn, man erfährt ihre Wirkung.“ Die Karma-Wirkung jedoch ist energiemäßig begrenzt, die Frucht ist immer zeitlich: sowohl das gute wie das böse Karma erschöpft sich nach einiger Zeit – weder Himmel noch Hölle sind ewig. Diese nicht metaphysische, sondern psychologische Auffassung des Karma macht es auch möglich, daß man im Hinduismus eine wirkliche Veränderung finden kann, daß die Lehre nicht zum Fatalismus wird, dessen Grundlage eine metaphysische Karma-Lehre wohl wäre. „So wie ein Mensch handelt und so wie er glaubt, so wird er sein: ein Mann wird belohnt werden für verdienstvolle Taten, bestraft für Übeltaten. Es heißt, ein Mensch bestehe aus Begierden. So wie seine Begierde ist, so ist sein Wille, wie sein Wille, so seine Tat – und gemäß seiner Tat wird er ernten.“ (Bṛhadāraṇyaka Up. IV, 4,5) Neben der Karma-Theorie – einer strikten Vergeltungslehre – stehen gleichzeitig die Ideen von Sühne, Buße, Gegenwirkung. Durch bestimmte Worte und Taten läßt sich der Lauf des Karma wenden: Selbstpeinigung, Rezitation von vedischen Mantrams, Atemregulierungen, Yoga-Praktiken, Geschenke, Opfer, Wallfahrten zu heiligen Orten, Waschungen und Zeremonien und zahllose andere Dinge und Akte bewirken, daß das Karma sich nicht auswirkt.

Aus: Klaus Klostermaier, Hinduismus. J. P. Bachem Verlag, Köln 1965, S. 137–139

Die traditionelle Rolle der Frau im Hinduismus

Wer eine Frau verläßt, welche seinen Befehlen gehorcht, willig ist, treffliche Söhne gebiert und freundlich spricht, soll den dritten Teil seines Vermögens bezahlen, und, wenn er kein Vermögen hat, die Frau ernähren.
Weil uns Welten, Unendlichkeit und Erreichung des Himmels durch Sohn, Enkel und Urenkel zuteilwerden, deshalb muß man die Frauen ehren und wohl bewachen.
Von dem Gemahl, den Brüdern, dem Vater, den väterlichen Verwandten, Schwiegermutter, Schwiegervater und Schwägern und von allen Verwandten sind die Frauen zu ehren durch Schmuck, Kleidung und Essen.
Sie aber, das Hausgerät in Ordnung haltend, geschickt, heiter, Ausgaben meidend, erzeige ihren Schwiegereltern Verehrung, ihrem Gatten sei sie ergeben.
Der Vater soll sie schützen als Mädchen, der Gatte als Verheiratete, die Söhne aber im Alter; wenn diese fehlen, ihre Verwandten; niemals soll die Frau von sich selbst abhängen.

Aus: Yajnavalkya-Smriti, I, 76–85, zitiert aus H. v. Glasenapp, Indische Geisteswelt, Holle Verlag, Baden-Baden 1959, Band I, S. 167

Gabriele Vensky: **Zur aktuellen Situation der Frauen in Indien**

Indien ist ein Land, in dem Frauen besonders erbarmungslos und unverhohlen erniedrigt werden. Das ist bisher zu wenig bekannt geworden, wahrscheinlich weil die Mahatma-Gandhi-Brille uns blind macht. Vermittelt wird ein Bild von einem Land, das in seiner Kunst, Literatur und Philosophie die Frau als verehrtes und angebetetes Wesen darstellt. Die Wirklichkeit ist anders:
Frauen in Indien sind Lebewesen, denen nicht einmal die Klassifikation „Mensch" zugestanden wird. Sie sind Gebärmaschinen – für Söhne versteht sich – und Arbeitstiere, Lustobjekte für den Mann, „eine Ware oder ein lästiges Almosen, mit dem man umspringt, wie man will". Das schlimmste, was einer Frau widerfahren kann, ist, daß sie keine Söhne bekommt, und daß sie Witwe wird. Denn nur durch die Existenz des Mannes erhält sie einen halbmenschlichen Status. Stirbt der Mann, dann ist sie schuld an seinem Tode, auch wenn er, wie so häufig, 20, 30, 40 Jahre älter ist. Die goldene Kette wird ihr vom Hals geschnitten, aller Schmuck muß abgelegt werden. Wenn die Witwe – häufig noch eine blutjunge Frau – in der Familie des Mannes als Arbeiterin geduldet wird, hat sie Glück gehabt. Heiraten kann sie nicht mehr – im Gegensatz zu den Männern –, denn eine Berührung mit einer Witwe bringt Unglück. [...] Frauen in Indien sind vom Nirwana weit entfernt. Sie müssen erst als Männer wiedergeboren werden, um dorthin zu gelangen, während ein Mann nie so tief fallen kann, daß er als Frau wiedergeboren würde, eher als Wurm.
Fast überall auf der Welt gibt es mehr Frauen als Männer, fast überall auf der Welt ist die Lebenserwartung von Frauen höher als die der Männer. In Indien ist es genau umgekehrt. Auf 1000 Männer kommen 935 Frauen, und die Frauen sterben durchschnittlich drei Jahre früher als die Männer.
Das hat mehrere Gründe: Während die Geburt eines Sohnes – wenn möglich – mit Feuerwerk und Muschelhorngeblase begrüßt wird, gilt die Geburt einer Tochter als Katastrophe. Einmal, weil sie als künftige Versorgerin der Familie nicht in Betracht kommt, vor allem aber, weil die Eltern bereits in diesem Augenblick voller Schrek-

ken an die spätere Mitgift denken, für die sie sich möglicherweise über Generationen hinweg verschulden. Nicht selten landen sie deswegen in der Leibeigenschaft beim Geldverleiher. Noch immer geschieht es, besonders auf dem Lande, daß kleine Mädchen nach der Geburt getötet, ertränkt oder erschlagen werden wie ein ungewolltes junges Tier.

In den Städten verdienen sich windige Kliniken mit dem Amniocentesis-Test goldene Nasen an der Mittelschicht. Dieser Test wurde einmal entwickelt, um beim Fötus schon im Mutterleib mögliche Behinderungen festzustellen. Daß dabei auch das Geschlecht bestimmt werden kann, wird nun ausgenutzt, ohne daß es eine Möglichkeit gibt, das selektive Töten weiblicher Föten zu verhindern. Auf Derartiges waren die Gesetzgeber nämlich nicht vorbereitet. „Das Leben ist so teuer geworden, und eine Ausbildung kostet so viel Geld, daß wir uns nur zwei Söhne leisten können", erklärte mir ungerührt ein bekannter indischer Wissenschaftler. „Auch wir haben deshalb den Test machen lassen und dreimal Mädchen abgetrieben."

Überleben Mädchen, so sind sie in ihren ersten fünf Lebensjahren höchstgefährdet. Untersuchungen haben ergeben, daß kleine Mädchen schlechter ernährt werden als ihre Brüder. Auch werden sie medizinisch weitaus schlechter versorgt, „denn es lohnt sich nicht, so viel Geld bloß für ein Mädchen auszugeben". Die zweite Risikophase, die viele Frauen nicht überleben, tritt dann in der Zeit vom 20. bis 40. Lebensjahr ein. Denn nicht nur tragen die Frauen die Hauptlast der Arbeit – das gilt vor allem für das Land, wo 87 Prozent der indischen Bevölkerung leben –, sondern die vielen und rasch aufeinanderfolgenden Schwangerschaften verdoppeln die Belastung. Hochgefährdet sind seit einigen Jahren auch jungverheiratete Ehefrauen in den Städten des Nordens. Kaum ein Tag vergeht, an dem sich nicht mindestens eine Meldung in der Zeitung findet: Junge Frau unter ungeklärten Umständen in der Küche verbrannt. Kaum jemals dagegen findet sich die Nachricht: Junger Mann oder alte Frau verbrannt. Und das hat gute Gründe. Denn bei 99,9 Prozent der tödlichen sogenannten Küchenunfälle handelt es sich um nichts anderes als um schlichten Mord aus Habgier.

Immer wieder ist es dasselbe: Bei der Ehe wird zwischen den Elternpaaren zwar die Mitgift ausgehandelt, aber dann ist es dem Mann oder dessen Familie plötzlich nicht mehr genug. Nun soll die junge Ehefrau (insbesondere in den besser verdienenden städtischen Schichten) noch einen Motorroller herbeischaffen, einen Cassettenrecorder, einen Farbfernseher oder das neueste und begehrteste Statussymbol: einen Videorecorder. Wenn sie das nicht schafft, dann wird sie bedroht, geschlagen, gefoltert, und schließlich explodiert eben der Petroleumkocher in der Küche, und der Weg ist frei für eine neue, gewinnbringende Heirat des Mannes.

610 solcher Mitgiftmorde wurden 1982 allein in der Landeshauptstadt Delhi registriert. Frauenorganisationen sprechen von einer Dunkelziffer, die mindestens zehnmal so hoch ist. Aber schon längst brennen Bräute nicht mehr allein im Norden und nicht mehr allein in den Wohnungen der unteren Mittelschicht. Sie brennen mittlerweile im ganzen Land, im Dorf ebenso wie in der Stadt.

In Delhi wurden in den letzten fünf Jahren nur sechs Prozent der des Mordes Beschuldigten – meist handelt es sich um den Ehemann, dessen Brüder und dessen Mutter – auch verurteilt. Diese Morde werden – so scheint es – als Bestandteil des „Indian way of life" betrachtet. So weigerte sich die Polizei in Delhi in 80 Prozent der Fälle überhaupt eine Anzeige entgegenzunehmen, und kam es einmal zum Gerichtsverfahren, so ließ sich wenig beweisen, denn die Kronzeugin war ja tot, ermordet oder in den Selbstmord getrieben.

Aus: Misereor, Heft: Indien, Aachen, 3. Auflage 1986, S. 15–18. Originaltitel: Gabriele Vensky, Stirbt der Mann, dann ist die Frau schuld an seinem Tod. Ein Beitrag über die gesellschaftliche Situation der Frau in Indien.

Mahatma Gandhi: **Die Religion der Nicht-Gewalt**

Nicht-Gewalt, Satyâgraha[1], ziviler Widerstand[2] und Nichtzusammenarbeit[3] als Grundbegriffe einer politischen Ehtik

Der erste Schritt bei Nicht-Gewalt ist, daß wir in unserem täglichen Leben, wie zwischen uns selbst, Wahrhaftigkeit, Demut, liebevolle Höflichkeit pflegen. Anständigkeit, heißt ein englisches Sprichtwort, ist die beste Politik. Aber nach den Vorstellungen der Nicht-Gewalt ist sie nicht nur Politik. Politik kann sich ändern und tut es tatsächlich. Nicht-Gewalt ist ein unveränderlicher Glaube. Sie muß geübt werden auch angesichts der Gewalt, die rings um einen wütet. Nicht-Gewalt gegenüber einem Gewaltlosen ist kein Verdienst. Es ist tatsächlich schwer zu sagen, ob sie überhaupt Nicht-Gewalt ist. Doch wenn man sie gegen Gewalt kämpfen läßt, dann wird man des Unterschieds zwischen beiden inne. Das können wir nicht tun, ohne stets wachsam zu sein und uns strebend zu bemühen...
[...]
Ich glaube, daß ich da, wo nur die Wahl bliebe zwischen Feigheit und Gewalt, zur Gewalt raten würde...
Dagegen glaube ich, daß Nicht-Gewalt der Gewalt unendlich überlegen ist. Vergeben ist männlicher als Bestrafen. Vergeben ehrt den Krieger. Selbstüberwindung aber ist Vergeben nur da, wo die Macht zu strafen vorhanden ist. Vergeben ist bedeutungslos, wo es von einem wehrlosen Wesen scheinbar gewährt wird. Bei einer Maus kann man schwerlich sagen, sie vergebe der Katze, wenn sie zuläßt, daß sie in Stücke zerrissen wird...
Ich bin kein Seher. Ich behaupte, ein praktischer Idealist zu sein. Die Religion der Nicht-Gewalt ist nicht nur für die Rishis und die Heiligen gedacht. Sie ist auch für das gewöhnliche Volk gedacht. Nicht-Gewalt ist das Gesetz unserer Art, wie Gewalt das Gesetz der Bestie. Der Geist schlummert in der Bestie, so daß sie kein anderes Gesetz kennen kann als das der physischen Kraft. Die Würde des Menschen erfordert Ergebung an ein höheres Gesetz – an die Kraft des Geistes.
Darum habe ich es unternommen, in Indien das alte Gesetz der Selbstaufopfe-

Mahatma Gandhi (1869–1948) im Gespräch

rung wieder aufzurichten. Denn Satyâgraha und seine Schößlinge Nicht-Zusammenarbeit und ziviler Widerstand sind nur neue Namen für das Gesetz des Leidens. Die Rishis, die das Gesetz der Nicht-Gewalt mitten in einer Welt der Gewalt entdeckten, sind größere Genies als Newton und waren doch zugleich größere Feldherren als Wellington. Selber geübt im Gebrauch der Waffen, erkannten sie deren Nutzlosigkeit und lehrten eine geplagte Welt, daß ihr Heil nicht in der Gewalt liege, sondern in der Nicht-Gewalt.
Nicht-Gewalt bedeutet in ihrer Auswirkung bewußtes Leiden. Sie bedeutet nicht Unterwerfung unter den Willen des Ungerechten, sondern bedeutet Einsetzen der ganzen Seelenkraft gegen den Willen des Tyrannen.

Aus: Fritz Kraus (Hrsg.), Vom Geist des Mahatma. Ein Ghandi-Brevier. Holle Verlag Baden-Baden. S. 272 und 279

---

[1] *Satyâgraha* heißt wörtlich Festhalten an der Wahrheit und bedeutet deshalb Macht der Wahrheit. Wahrheit ist Seele oder Geist. Deshalb könnte man auch sagen: Macht der Seele. Wahrheit schließt die Anwendung von Gewalt aus, da der Mensch nicht fähig ist, die absolute Wahrheit zu erkennen und deshalb auch nicht berechtigt, zu bestrafen.
[2] *Zivil-Desobedienz* (bürgerlicher Ungehorsam) bedeutet Bruch solcher gesetzlicher Vorschriften, die sittlich anfechtbar sind.
[3] *Non-Kooperation* bedeutet die Entziehung der Zusammenarbeit (Ko-operation) mit dem Staat, der in den Augen des Non-Kooperationisten korrupt geworden ist.
Zitiert nach: H. v. Glasenapp, Indische Geisteswelt, Bd. II, S. 312 f.

Aufgaben zu Teil V,3: Hinduistische Ethik

▷ Die überaus vielen religiös-ethischen Pflichten, Gebote und Vorschriften im Hinduismus lassen diese Religion neben denen des Islam und des Judentums als markantestes Beispiel einer typischen Observanzenreligion (siehe Glossar S. 103/4) dastehen. Ziehen Sie zum Vergleich entsprechende Gebote etc. aus Islam und Judentum heran und diskutieren Sie den Terminus Observanzenreligion.

▷ Jesus gilt vielen heutigen Hindus als eine der vielen „Herabkünfte" (avatara) ihres Hochgottes Vishnu. Von daher gestehen sie Jesus durchaus eine gewisse Bedeutung für ihre eigene Religion zu, wie auch die Abbildung auf S. 41 deutlich macht. Warum wird sich – aus dem jeweiligen religiösen Selbstverständnis und Absolutheitsanspruch heraus – einerseits jeder gläubige Christ einem solchen relativierenden Vereinnahmungsversuch, andererseits aber auch jeder Hindu einem Versuch der Umkehrung dieser Vereinnahmung (Vishnu als „heidnisches" Vorspiel des endzeitlichen Jesusereignisses) gegenüber strikt ablehnend verhalten? Ziehen Sie Folgerungen aus dieser beidseitigen Ablehnung in den religiösen Grundannahmen, und diskutieren Sie Möglichkeiten und Grenzen von Toleranz in der Religionsgeschichte.

▷ Erörtern Sie anhand des gegebenen Materials den gesellschaftlichen Stellenwert der Frau im klassischen und heutigen Indien. Tragen Sie evtl. weiteres Material zusammen über die Benachteiligung der Frauen und Mädchen im heutigen Indien. Informieren Sie sich über Selbsthilfeorganisationen der Frauen in diesem Land (vgl. Sie entsprechendes Material des Deutschen Entwicklungsdienstes, von terre des hommes, misereor etc.).

4. Buddhistische Ethik

Gustav Mensching: **Der Buddhismus – Die Religion der Aufhebung des universellen Weltleidens**

Der Buddhismus erscheint in der Geschichte in zwiefacher Gestalt, wenn man von der dritten Form, dem tantristischen sogenannten „Diamantfahrzeug“ absieht: in der ursprünglichen Form des von Gotama Buddha selbst gestifteten „Hînayâna-Buddhismus“ und in der später entstandenen Form des Mahâyâna-Buddhismus, der etwa um 200 n. Chr. in Nordindien blühte und dann nach Ostasien wanderte, wo er die eigentliche buddhistische Weltreligion geworden ist. [...]

Der Buddhismus ist die Religion der Leidensaufhebung. Der Begriff „Leiden“ aber darf nicht im natürlichen Sinne von Schmerz und Unglück verstanden werden. Er ist eine religiöse Unwert-Kategorie, die nur unter der Voraussetzung religiöser Erkenntnis des Unheilcharakters aller individuellen Existenz einschließlich ihrer Leiden, aber auch ihrer Freuden anwendbar ist. Ein Textwort sagt: „Das Leiden nicht erkennen, wird Unwissenheit genannt.“ Wäre hier unter „Leiden“ nur der natürliche Schmerz verstanden, so wäre hier eine Banalität ausgesprochen. Welcher Mensch erkennte nicht seine Schmerzen! Was aber der natürliche, d. h. unerlöste Mensch ohne religiöse Einsicht nicht erkennt, ist der Unheilscharakter seiner gesamten Existenz, auch seiner Freuden. Alles individuelle Sein, d. h. alles gestaltete Dasein, ist vergänglich und wesenlos. Nun hat der Buddhismus eine eigene Theorie über das Wesen dieser individuellen „Wirklichkeit“, die Dharma-Lehre, entwickelt, welche besagt, daß, ähnlich wie es der moderne Atomismus lehrt, alle Erscheinungen unserer Erfahrungswelt, einschließlich sogar des „Ich“, keine ruhenden Wesenheiten sind, sondern flüchtige Zusammenballungen letzter Daseinsfaktoren, der sogenannten „dharma“. Wesentlichste Triebkraft dieser Individualbildungen ist der Lebenswille (tanhâ). Die gesamte Erscheinungswelt steht unter dem Gesetz des „Werdens in Abhängigkeit“. Nur *ein* Daseinsfaktor ist unabhängig von aller Determination, das Nirvâna. Das Erlösungsziel besteht also darin, daß, bildlich gesprochen, Meeresstille eintritt und keine individuellen Wellen sich mehr bilden. Das ruhende Sein des Nirvâna ist daher dem Meere vergleichbar, das in seiner Tiefe keine Differenzierungen und keine Bewegung mehr kennt.

Der Weg zu diesem Ziel ist, wie es eine der vier heiligen Wahrheiten sagt, der „achtfache Pfad“, der mit ethisch-asketischer Zucht beginnt, über die vier Stufen der Versenkung zum mystischen Gleichmut führt und damit zur Voraussetzung für das geheimnisvolle Aufwachen der inneren Erleuchtung. Im Erlösten ist der Hang zum individuellen Dasein erloschen, er ist – schon während seines irdischen Lebens – unpersönlich geworden, seine Fesseln, die ihn an die Welt banden, sind gelöst und nach seinem Tode geht er in das Nirvâna ein, aus dem er nicht wieder in irgendeine individuelle Daseinsform zurückkehrt.

Im Unterschied zu diesem Urbuddhismus kennt der später entstandene Mahâyâna-Buddhismus eine andere Bewertung Buddhas und hat, jedenfalls in verschiedenen seiner sehr zahlreichen Sekten, ein persönliches Heilsziel in einem Seligkeitsparadiese. Was die veränderte Bewertung Buddhas betrifft, so liegt sie darin, daß hier Buddha nicht mehr nur, wie im Hînayâna (= „kleines Fahrzeug“), der „Wegweiser“ zum Heil, der Lehrer einer unpersönlichen Heilslehre ist, sondern zu einer Heilandgottheit geworden ist. Ein ganzer Himmel von Buddhas und Bodhisattvas (= Anwärter der Buddhaschaft) wird geglaubt, und an die Stelle der gefühlsentleerten Versenkung ist gläubige Hingabe und gemütsmäßige Verehrung des Buddha selbst getreten, die der historische Buddha nie verlangt hat. Auch soll der Fromme sich bemühen, nicht nur sich selbst, im „kleinen Fahrzeug“, aus dem Ozean der Existenz zu retten, sondern möglichst viele Menschen im „großen Fahrzeug“ (= Mahâyâna) mit zu retten. Das Heilsstreben gewinnt hier also einen altruistischen (menschenfreundlichen) Charakter. Wir können hier nicht auf die mancherlei sektenhaften Differenzierungen, die der Mahâyâna-Buddhismus kennt, eingehen, weisen aber darauf hin, daß die Achse, um die sich alles dreht, im Grunde dieselbe ist wie im Hînayâna: Erlösung aus dem Zwang der Geburtenfolge und Heil schließlich, wenngleich vielfach über das vorübergehende Stadium persönlicher Seligkeit, in einem impersonalen Nirvâna. Der Buddhismus ist also eine durchaus pessimistische Religion, wenn man unter Pessimismus die negative Bewertung von Sinn und Wirklichkeit der Welt versteht. Hinsichtlich des Heilzieles ist diese wie jede Religion natürlich optimistisch: es gibt, wie ein buddhistischer Text sagt, ein „Ungeborenes“, „Ungewordenes“ (= das Nirvâna), gäbe es das nicht, dann gäbe es keinen Ausweg für das Geborene und Gewordene.

Aus: Gustav Mensching, Die Religion. Schwab Verlag, Stuttgart 1959, S. 51–54

Der edle, achtteilige Pfad und die vier heiligen Wahrheiten als Kern buddhistischer Ethik

„Zwei Extreme gibt es hier, ihr Mönche, denen derjenige, welcher der Welt entsagt hat, sich nicht hingeben soll. Welche zwei? Das eine ist die auf Sinnenfreuden gerichtete Hingabe an die Lüste, die ist niedrig, roh, gemein, unedel und zwecklos; das andere ist die Hingabe an Selbstquälerei, die ist leidvoll, unedel und zwecklos. Ja, ihr Mönche, indem der Tathâgata diese beiden Extreme vermieden hat, ist ihm die Erkenntnis von dem *mittleren Pfade* aufgegangen, der das Auge öffnet und den Verstand klärt; und der führt zur Ruhe, zur Erkenntnis, zur Erleuchtung, zum Nirvâna. Was ist das aber, ihr Mönche, für ein mittlerer Pfad, von welchem dem Tathâgata die Erkenntnis aufgegangen ist, der das Auge öffnet und den Verstand klärt, und der zur Ruhe, zur Erkenntnis, zur Erleuchtung, zum Nirvâna führt?
Es ist dieser *edle, achtteilige Pfad*, nämlich: Rechte Anschauung, rechtes Wollen, rechtes Reden, rechtes Tun, rechtes Leben, rechtes Streben, rechtes Gedenken (sati), rechtes Sichversenken (samâdhi). Ja, dies, ihr Asketen, ist der mittlere Pfad, von welchem dem Tathâgata die Erkenntnis aufgegangen ist, der das Auge öffnet und den Verstand klärt, und der zur Ruhe, zur Erkenntnis, zur Erleuchtung, zum Nirvâna führt.
Dies aber, ihr Mönche, ist die edle Wahrheit vom *Leiden*: Geburt ist Leiden, Alter ist Leiden, Krankheit ist Leiden, Tod ist Leiden, mit Unliebem vereint sein ist Leiden, von Liebem getrennt sein ist Leiden, nicht erlangen, was man begehrt, ist Leiden – kurz, die fünf Daseinsfaktoren sind Leiden.

Dies aber, ihr Mönche, ist die edle Wahrheit vom *Ursprung des Leidens*: Die Gier, die zur Wiedergeburt führt, die mit Freude und Leidenschaft verbunden hier und dort nach Freuden sucht, nämlich die Gier nach Sinnenlust, die Gier nach Werden, die Gier nach Vergehen.
Dies aber, ihr Mönche, ist die edle Wahrheit von der *Unterdrückung des Leidens*: Es ist die Unterdrückung dieser Gier durch gänzliche Leidenschaftslosigkeit, es ist das Aufgeben, das Zurückweisen, das Fahrenlassen, das Nichtbeherbergen dieser Gier.

Zitiert nach: M. Winternitz, Der Ältere Buddhismus (nach Texten des Tipitake), Mohr Verlag, Tübingen 1929, S. 39

Erläuterung

Buddha hat der Ethik im Kern seiner Lehre einen festen Platz gegeben, nämlich in seinen vier heiligen Wahrheiten. In der ersten Wahrheit hat er das menschliche Dasein als Leid beschrieben; in der zweiten hat er nach den Ursachen dieses Leids gesucht; in der dritten hat er das Nirvâna als jenen Augenblick genannt, in dem das Leid ein Ende hat; in der letzten edlen Wahrheit gibt er im Großen Gebot den Schlüssel zu diesem ganzen Gebäude menschlicher Befreiung. Buddha ging es nicht um ein einzelnes Gebot, sondern um eine neue Form des Menschseins, die in acht verschiedenen, einander ergänzenden Aspekten verwirklicht werden kann: im achtfachen Pfad. [...]
Die Moralität besteht vor allem in der Verträglichkeit, der Gutheit und dem großen Mitleiden des Buddha mit der Welt, oder negativ: in der Vermeidung von allem, was anderen schaden kann. Die drei Aspekte des achtfachen Pfades, die hierher gehören, sind: das allumfassende Reden, das allumfassende Handeln und das allumfassende Leben. Allumfassendes Reden ist nicht nur das Reden der Wahrheit, sondern auch das Reden von Worten des Friedens und der Harmonie; es bedeutet auch das Vermeiden jeglicher Klatscherei. Allumfassendes Handeln heißt: keinem einzigen Leben schaden, nicht einmal dem eines Blattes oder eines kleinen Tieres im Wasser; auch das Vermeiden verkehrter sexueller Beziehungen und das Mitwirken am Glück anderer fallen darunter. Allumfassendes Leben verbietet jeden Waffenhandel, den Verkauf alkoholischer Getränke und Gifte, den Verkauf von Fleisch; es verbietet Betrügereien, Diebstahl und Unzucht. Erst wenn man alle diese Stadien der Moralität zurückgelegt hat, kann man auf Fortschritte in den weiteren Aspekten des achtfachen Pfades hoffen. [...]

Um diesen achtfachen Pfad ist im Lauf von Jahrhunderten der Korb des Vinaya entstanden. In ihm wurde auch der Unterschied gemacht zwischen einer Anzahl Regeln für Laien, die fünffache Moralität genannt, die aus dem Ausgangspunkt der Moralität zusammen mit Glauben und Streben besteht, und einer Anzahl Regeln für Mönche, die den ganzen achtfachen Pfad beinhaltet. Die Regeln der Moralität sollen schon von Buddha selbst zu den zehn Regeln für Mönche erweitert worden sein, die verbieten: 1. Mord, 2. Diebstahl, 3. Unzucht, 4. Lügen, 5. starke Getränke, 6. Essen nach Mittag, 7. Tanz, Musik und Theater, 8. Blumengirlanden, Parfüm und Salben, 9. Luxusartikel, 10. den Gebrauch von Gold und Silber. Ein Jahr nach dem Tod des Buddha wurden die Maschen in diesem Netz noch enger gezogen durch die 250 Regeln für Mönche und 290 – 500 Regeln für Nonnen. Auch die Disziplin des Geistes und der Weisheit sind innerhalb der vielen Schulen und Sekten minutiös ausgearbeitet worden, so daß der achtfache Pfad für viele zu einem tausendfachen Pfad wurde.

Aus: Antworten – Ein Vergleich der großen Weltreligionen in Wort und Bild. Hrsg. von Jan Sperna-Weiland. Benziger Verlag, Köln 1977

Die Laienethik des Buddhismus

Die fünf Gebote

Wer Lebewesen wehetut, verlogen ist in seinem Wort, an fremdem Gute sich vergreift und seines Nachbarn Weib verführt, dem Branntwein- und dem Weingenuß voll Eifer hingegeben ist: Wer diese Übel nicht verwirft, der gilt fürwahr als sittenlos; und wenn dereinst sein Leib zerbricht, eilt solcher Tor zur Hölle hin.

Fleischgenuß

Obwohl der Buddhismus das Töten von lebenden Wesen als etwas Böses verwirft, hält er jedoch keineswegs dafür, daß nun auch der Fleischgenuß unter allen Umständen eine unmoralische Handlung sei. Wie nämlich die karmische, d. i. moralische Qualität einer Handlung stets durch den ihr zugrundeliegenden Willenszustand *(cetanã)* bestimmt wird und unabhängig von diesem weder karmisch heilsam *(kusala)* noch unheilsam *(akusala)* genannt werden darf, ganz genau so ist es auch mit der an sich moralisch neutralen, äußeren Handlung des Fleischessens.
Aus drei Gründen, sage ich, ist der Fleischgenuß zu verwerfen: Wenn man es gesehen oder davon gehört hat oder es vermutet (daß das betreffende Tier für einen persönlich geschlachtet wurde).
Sollte man nämlich in diesem Falle das Fleisch genießen, so würde man dadurch gewissermaßen den Tiermord gutheißen, und den Tiermörder in seinem Handwerk bestärken. Daß übrigens auch Buddha selber bisweilen Fleisch gegessen hat, geht unzweideutig aus vielen Stellen des Kanons hervor.

Aus: Nyanatiloka, Der Weg zur Erlösung. Christiani Verlag, Konstanz 1981 (Buddhistische Handbibliothek, Bd. 8), S. 73, 74, 75

Genuß berauschender Getränke

Einen sechsfachen Unsegen bringt der Genuß der zum Leichtsinn führenden berauschenden Getränke, wie Wein und Branntwein, nämlich: Er führt zum Verlust des Vermögens, zu Streitigkeiten, ist eine Quelle der Krankheit, erzeugt einen üblen Ruf, zerstört das Schamgefühl, schwächt die Einsicht.

Aus: Ebenda

Die Segnungen der Laienethik

Ihre Segnungen bestehen in der Erlangung der Reuelosigkeit und vieler anderer Vorzüge. Es wird nämlich gesagt: „Die guten Sitten, haben die Reuelosigkeit zum Segen." Ferner wird gesagt: „Folgende fünf Segnungen, ihr Hausleute, werden dem Sittenreinen für seine Erfüllung der Sittlichkeit zuteil: welche fünf?
Der Sittenreine, sittlich Vollkommene, ihr Hausleute, gewinnt infolge Strebsamkeit großen Überfluß an Schätzen. Das ist die erste Segnung.
Fernerhin, ihr Hausleute, verbreitet sich über den Sittenreinen, sittlich Vollkommenen, ein guter Ruf. Das ist die zweite Segnung.
Fernerhin, ihr Hausleute: in jedweder Gesellschaft, zu der der Sittenreine, sittlich Vollkommene, sich hinbegibt – seien es Adelige, Brahmanen, Hausleute oder Asketen – da tritt er voll Sicherheit auf, ohne Verwirrung. Das ist die dritte Segnung.
Ferner, ihr Hausleute, erwartet den Sittenreinen, sittlich Vollkommenen, ein ungetrübter Tod. Das ist die vierte Segnung.
Fernerhin, ihr Hausleute, gelangt der Sittenreine, sittlich Vollkommene, beim Zerfall des Leibes, nach dem Tode, auf glückliche Fährte, in himmlische Welt. Das ist die fünfte Segnung."

Aus: Gustav Mensching, Buddhistische Geisteswelt. Holle Verlag. Darmstadt 1955, S. 112

Das eigene Selbst tut das Böse, durch das eigene Selbst wird man unrein, das eigene Selbst meidet das Böse, durch das eigene Selbst wird man unrein. Rein oder unrein wird man durch sich selbst, kein anderer kann dich rein machen!

Nach buddhistischer Lehre wird das Leben von drei unheilvollen Faktoren bestimmt: Gier, Haß und Verblendung, die auf diesem tibetischen „Rad des Lebens" (Ausschnitt) durch den Hahn, die Schlange und das Schwein versinnbildlicht sind.

Die Mönchsethik des Buddhismus

Der sittlich vollkommene Mönch

Wie aber ist der Mönch in Sittlichkeit vollkommen?
Da meidet der Mönch das Töten lebender Wesen, steht ab von Verletzung lebender Wesen. Ohne Stock, ohne Waffe, voll Zartgefühl und Liebe ist er auf das Wohl aller Wesen und Geschöpfe bedacht. Das gilt bei ihm als Sittlichkeit.
Er meidet das Nehmen fremden Eigentums, steht ab vom Nehmen fremden Eigentums. Das Gegebene abwartend verweilt er ehrlichen und rein gesinnten Herzens. Das gilt bei ihm als Sittlichkeit.
Er meidet den unkeuschen Wandel, lebt keusch, hält sich abseits, steht ab von der Begattung, der gemeinen. Das gilt bei ihm als Sittlichkeit.
Er meidet das Lügen, steht ab vom Lügen, spricht die Wahrheit; der Wahrheit ist er verbunden, standhaft, vertrauenswürdig, kein Betrüger der Welt. Das gilt bei ihm als Sittlichkeit.
Er meidet Zwischenträgerei, steht ab von Zwischenträgerei. Was er hier gehört hat, erzählt er dort nicht wieder, um diese zu entzweien; und was er dort gehört hat, erzählt er hier nicht wieder, um jene zu entzweien. So eint er die Entzweiten,

und den Geeinten ist er eine Stütze; Eintracht liebt er, an Eintracht hat er seine Freude, Eintracht beglückt ihn, und Eintracht erzeugende Worte spricht er. Das gilt bei ihm als Sittlichkeit.
Er meidet leeres Geplapper, steht ab von leerem Geplapper. Zur rechten Zeit spricht er, den Tatsachen und dem Sinne gemäß, spricht über die Lehre und Ordenszucht, spricht Worte, die denkwürdig sind, mit Gleichnissen geschmückt, gemessen und sinnvoll. Das gilt bei ihm als Sittlichkeit.
Er steht ab von der Zerstörung von Keim- und Pflanzenleben.
Nur zu einer Tageszeit nimmt er Speise zu sich, des Nachts bleibt er nüchtern, er steht ab von unzeitiger Nahrung.
Er meidet Tanz, Gesang, Musik und den Besuch von Schaustellungen.
Er meidet Blumenschmuck, Wohlgerüche, Schminke, Schmuck- und Schönheitsmittel.
Er meidet die Annahme von Gold und Silber.
Rohes Getreide und Fleisch nimmt er nicht an. Knechte und Mägde nimmt er nicht an. Schafe, Ziegen, Hunde, Schweine, Elefanten, Rinder und Pferde nimmt er nicht an. Grund und Boden nimmt er nicht an. Auf Boten- und Überbringerdienste läßt er sich nicht ein ... Mit dem Gebrauche von aufgespeicherten Dingen (Speisen, Gewändern usw.) hat er nichts zu tun ...
Er vermeidet es, sich seinen Lebensunterhalt zu verdienen durch solche niedrigen Wahrsagerkünste, durch welche gewisse Asketen und Priester, die die ihnen aus Vertrauen gespendeten Speisen verzehren, in verkehrter Weise ihren Lebensunterhalt gewinnen ... Das gilt bei ihm als Sittlichkeit.
Mit dieser edlen Sittlichkeit aber ausgestattet, empfindet er in seinem Innern ein untadeliges Glück. Auf diese Weise ist der Mönch in Sittlichkeit vollkommen.

Aus: Nyanatiloka, Der Weg zur Erlösung. Christiani Verlag, Konstanz 1981, S. 78–80

Das rechte Verhalten gegenüber Frauen

„Herr, wie sollen wir uns gegen das Frauenvolk verhalten?" „Nicht ansehen, Ānanda!" „Wenn wir sie aber doch angeblickt haben, Erhabener, wie sollen wir uns dann verhalten?" „Nicht anreden, Ānanda!" „Wer aber doch ins Gespräch gerät, wie soll der sich dann verhalten, Herr?" „Der möge sich mit ernster Besonnenheit rüsten!"

Das rechte Verhalten gegenüber Feinden

Selbst wenn da, ihr Mönche, Räuber und Mörder mit einer doppeltgezähnten Säge jemandem ein Glied nach dem andern abtrennen, so würde jener, wenn sein Geist von Wut erfüllt würde, eben deshalb kein Betätiger meiner Religion sein. Auch in diesem Falle, ihr Mönche, müßt ihr euch also üben: „Nicht soll unser Geist erregt werden, kein böses Wort wollen wir ausstoßen, freundlich und mitleidsvoll wollen wir bleiben, gütig gesinnt, ohne Haß im Innern, und diesen Menschen wollen wir mit gütigem Geiste durchdringen, und von ihm ausgehend wollen wir die ganze Welt mit gütigem Geiste durchdringen, mit schrankenlosem, weitem, unermeßlichem, frei von Feindseligkeit und Übelwollen." So also, ihr Mönche, müßt ihr euch üben.

Aus: Gustav Mensching, Buddhistische Geisterwelt. Holle Verlag, Darmstadt 1955, S. 233/234 und 120/121

Einige Moralsprüche aus dem Dhammapadam

Gleichwie der Regen in ein Haus, das schlecht gedeckt ist, einwärts dringt, so dringt die Gier in ein Gemüt, dem sorgsame Bewachung fehlt.

Nicht die Vergehungen der anderen, was sie getan, was sie versäumt, soll man betrachten; vielmehr das, was selbst man tut und unterläßt.

Wer nur sein eigenes Glück verfolgt, indem er andern Wesen Harm bereitet, die doch auch wollen glücklich sein, der findet nach dem Tode nicht das Glück.

Nicht Nacktheit, nicht geflocht'nes Haar, nicht Schmutz, nicht Fasten, nicht das Ruh'n auf bloßer Erde, nicht Staubbesudelung, nicht regungsloses Sitzen vermag den Sterblichen zu läutern, wenn er das Schwanken noch nicht überwunden hat.

„Er schmähte mich, er schlug auf mich, er überwand mich mit Gewalt", – wer dem Gedanken Raum nicht gibt, der wird gar bald von Feindschaft frei.

Denn Feindschaft kommt durch Feindschaft hienieden nie zur Ruh; durch Nichtfeindschaft kommt sie zur Ruh, dies ist ein ewiges Gesetz.
Bezwinge den Zorn durch Nichtzürnen, durch Gutes besiege den Bösen; den Geizigen überwinde durch Gaben und den Lügner durch Wahrheit.

Das Dhammapadam ist die älteste buddhistische Spruchsammlung. Zitiert nach: Karl Seidenstücker, Pali-Buddhismus in Übersetzungen. Oskar Schloss Verlag, München-Neubiberg ²1923, S. 268–270

Gustav Mensching: **[Der relative Wert der Ethik im Buddhismus]**

Sittliches Leben gilt im Buddhismus als Voraussetzung eines glücklichen Lebens innerhalb der Geburtenfolge, also innerhalb der empirischen, d. h. unerlösten, unheilvollen Weltwirklichkeit. Durch sittliches Leben kann man also wohl ein glücklicheres, in besserer Existenzform verlaufendes Leben gewinnen, die Erlösung ist durch sittliches Tun nicht zu erwerben. [...]
Alles Ethische ist daher im Buddhismus (wie übrigens in aller Mystik) nur vorläufig, zumal es ja die Dauer der sichtbaren Welt und das Bestehen des Ich voraussetzt. Welt und Ich aber sind vergänglich und wesenlos, folglich hat die Ethik nur Sinn, solange der Schein der Existenz von Welt und Ich fortbesteht [...]
Zugleich aber ist deutlich, daß die Ethik zur unerlösten Welt gehört. Buddha sagt ganz deutlich: „Die Übeltäter fahren zur Hölle; in den Himmel gehen die Guten ein; völliges Nirvâna erreichen diejenigen, welche von den Grundübeln frei sind." *(Dhammapada 126)*
Die Guten werden mit einer guten Wiedergeburt in einer Himmelswelt belohnt, aber auch die Himmelswelten gehören in den Kreislauf des Lebens und bedürfen der Erlösung. Gut und Böse hat folglich nur innerhalb der unerlösten Welten eine Bedeutung, der Erlöste steht jenseits von Gut und Böse.

Aus: Gustav Mensching, Gut und Böse im Glauben der Völker. Klotz Verlag, Stuttgart ²1950, S. 54 und 59

Horst Bürkle: **Buddhas moralüberschreitende Botschaft**

Wer Leben und Lehre des Gautama Buddha unter moralischen Gesichtspunkten zu verstehen sucht, versteht sie falsch. Für Buddha ging es nicht nur um Maßstäbe für sittliches Verhalten, sondern um „Erleuchtung". Er entdeckte – geradezu im Protest gegen die zu seiner Zeit anerkannten und allgemein praktizierten Verhaltensschemata des älteren Hinduismus – die Tiefe und damit das Geheimnis menschlichen Seins in der eigenen Versenkung. Am Anfang steht die Frage nach dem „Heil", wie sie echter Religion eigen ist. [...]
Von hier aus gesehen hat auch die Moral keinen Platz mehr im Umkreis der Erleuchtung. Die Spannung zwischen aktualem und potentiellem Sein, zwischen Neigung und Pflicht, zwischen Ego und Außenwelt ist aufgehoben. Aber nur in diesem Spannungsfeld gibt es einen moralischen Impuls und einen ethischen Imperativ. Nur in der zielorientierten Anpassung eines Noch-zu-Erreichenden, den Menschen Verpflichtenden ist die ihrer Verwirklichung noch harrende ethische Wertvorstellung zu Hause. Die Zukunft ist dafür ebenso konstitutiv wie die vorangegangene Geschichte. Was gilt und verpflichtet im Sinne eines sittlichen Gebots, ist zugleich auch immer das Bewährte und Überlieferte. Vorbild und Zielvorstellung, forderndes Erbe und „Prinzip Hoffnung" sind für die ethische Verwirklichung gleicherweise Voraussetzung. Beides ist im buddhistischen Erlösungserlebnis aufgehoben. Die Geschichte ist ausgespart, der Raum der neuen Freiheit ist ein spannungsloses Vakuum. Von hier aus konnte der Buddha seine Botschaft „jenseits von Gut und Böse" verstehen.

Horst Bürkle: **[Die Wandlung der Moralvorstellungen im späteren Mahâyâna-Buddhismus]**

Neben dem ursprünglichen Buddhismus in Form des „Kleinen Fahrzeugs" *(Hînayâna)*, wie er sich mit Recht auf den achtfachen Pfad des Buddha berief, trat der andere Strom buddhistischer Lehre: das *Mahâyâna* (das „Große Fahrzeug"). Der Weg zur Überwindung des Leidens, der durch das Nadelöhr der Erleuchtung zum *Nirvâna* führt, blieb ein elitärer. Für den Menschen, der in den Spannungsfeldern seiner Existenz weiterzuleben hat, erschien die totale Freistellung auf dem Wege zur Erleuchtung nicht realisierbar. Darum mußte auch der Buddhismus in seiner späteren Entwicklung wieder dem Menschen in seiner tatsächlichen Verfassung gerecht werden. An die Stelle der autonomen Selbstverwirklichung der Erleuchteten tritt die Zuflucht zu dem Buddha Amida, der auch dem nicht Erleuchteten Teil an seiner Vollkommenheit gewährt. Damit kehrt sich auch der buddhistische Mensch wieder dem geschichtlicher Existenz eigenen Bereich von Schuld und Sühne zu und erhält sein Glaube die Spannung zwischen Hoffnung und Verzweiflung zurück. Aus dem Erleuchteten und seinem „Jenseits von Gut und Böse" wird wieder die dienende, im Kult verehrende und harrende Kreatur. In den Tempeln der vielen Buddhas, die alle Funktionsträger des nun universal und kosmisch verstandenen Buddha sind, wird die Frage nach den Normen des buddhistischen Lebens und also nach seiner „Moral" neu gestellt und beantwortet.

Aus: Horst Bürkle, War Buddha ein Moralist? In: Rolf Italiaander (Hrsg.), Moral – wozu? Delp Verlag, München 1972, S. 51 und 56

[Das große Mitleid und das Bodhisattva-Ideal]

Der Urbuddhismus (Hînayâna) wandelt sich zum Mahâyâna, zum „großen Fahrzeug", indem eine ganze Reihe von Veränderungen eintraten, so vor allem die, daß Buddha selbst und eine ganze Reihe anderer Buddhas neben ihm zu Gottheiten wurden und von einer feiernden Gemeinde verehrt werden.

Vor allem ist zu nennen das in neuer und ausdrücklicher Weise in den Mittelpunkt gerückte Bodhisattva-Ideal und der Ausbau der universalen Mitleids- und Liebesethik. Das große Mitleid, ein Wert, den schon der Urbuddhismus kannte, wird jetzt zur zentralen Tugend eines Bodhisattva, d. h. eines Wesens, das gemäß der universalen Heilsidee des Mahâyâna, das Ziel verfolgt, nicht nur für sich selbst die Erlösung zu gewinnen, sondern auch möglichst viele andere Wesen mit im „großen Fahrzeug" aus dem – wie die Texte bildhaft sagen – brennenden Hause der Unheilswelt zu retten:

„Ein Bodhisattva sollte, o Herr, nicht in allzuvielen Tugenden unterwiesen werden. *Einer* Tugend, o Herr, sollte der Bodhisattva sich ganz hingeben und ganz in ihr aufgehen. Dann sind alle Bodhisattva-Tugenden von selbst vorhanden. Welches ist diese eine Tugend? Es ist das große Mitleid."

Dieses Mitleid weckt die Absicht, alle Wesen aus dem Geburtenkreislauf zu retten. Deshalb bekennt der Bodhisattva von sich:

„Und ich nehme auf mich die Lasten aller Leiden, ich bin dazu entschlossen, ich ertrage sie... Und warum das? Weil ich unbedingt die Last aller Wesen auf mich nehmen muß... Die Rettung aller Wesen ist mein Gelöbnis: Von mir müssen alle Wesen befreit werden, von mir muß die ganze Welt der Lebenden gerettet werden."

Gustav Mensching: **[Die Neuerungen des Mahâyâna-Buddhismus]**

Persönliche Heilandsgottheiten und die Idee der Sünde

Während der Urbuddhismus die Idee der Sünde nicht kannte, sondern lediglich das moralische Unrecht im Sinne der Übertretung ethischer Gebote, findet sich im Mahâyâna, da ja hier im Unterschied vom Hînayâna eine persönliche Beziehung zu persönlichen Heilandsgottheiten vorliegt, die Idee der religiösen Sünde. Hier wird die Gottesbeziehung selbst ethisiert, während bisher dieser Bezirk des Ethischen außerhalb des eigentlichen Heilsprozesses geblieben war. Es ist daher verständlich, wenn als Grundlage des neuen Wandels die Hingabe an die Buddhas mit einem Sündenbekenntnis eingeleitet wird:

„Ich übergebe mich und alle samt allem den Überwindern und ihren Söhnen, nehmt mein Geschenk an, ihr ersten aller Wesen. Zu eurem Sklaven mache ich mich in Ergebenheit. Durch die von euch erwiesene Gnade bin ich furchtlos in bezug auf die Wiedergeburt. Was heilsam für die Wesen ist, tue ich. Die frühere Sünde überwinde ich völlig und eine andere Sünde begehe ich nicht mehr...

Mit flehentlich erhobenen Händen melde ich es den in allen Weltgegenden zerstreuten, vollkommen erleuchteten und auch von großem Mitleid erfüllten Bodhisattvas: Alles Böse, das ich dummes Vieh in dem anfanglosen Kreislauf der Wiedergeburt oder wieder in meiner jetzigen Geburt getan habe oder tun ließ, und welches Vergehen immer ich aus Verblendung zu meiner eigenen Vernichtung gutgeheißen habe, das bekenne ich von Reue gequält."

Aus: Gustav Mensching, Gut und Böse im Glauben der Völker. Klotz Verlag, Stuttgart[2] 1950, S. 61, 62

Liebe zu allen Wesen. Ein Gebet.

In allen Ländern mögen alle Leiden der Wesen aufhören; mögen alle Wesen, die mangelhafte Sinnesorgane haben oder eines Gliedes beraubt sind, jetzt heil und gesund sein!
Mögen alle in den zehn Weltgegenden, die krank, schwach, heruntergekommen und schutzlos sind, rasch von ihrer Krankheit befreit werden und Gesundheit, Stärke und ihre Sinnesorgane wiedererlangen!
Mögen alle Wesen, die von Königen, Räubern oder Soldaten bedroht, zum Tode verurteilt, die durch verschiedene Hunderte von Ängsten in Not geraten sind, mögen diese in Not geratenen Unglücklichen von diesen Hunderten der schlimmsten und schrecklichsten Ängste befreit werden!
Alle die, welche geschlagen, in den Kerker geworfen, gequält, sich in mannigfachen Nöten befinden, von vielen Tausenden von Mühen bedrängt, die von mannigfachen Gefahren und schrecklichem Kummer heimgesucht sind, – mögen diese alle von ihren Fesseln befreit werden, die Geschlagenen mögen von den Schlägen befreit, die mit dem Tode Bedrohten dem Leben wiedergegeben werden, und die in Bedrängnis Geratenen von aller Furcht frei werden!
Mögen die von Hunger und Durst Gequälten Speise und Trank in Fülle erlangen, die Blinden die mannigfachen Formen und Gestalten sehen, und die Tauben liebliche Geräusche hören!
Mögen die Nackten bunte Kleider erlangen, die Armen Speise bekommen und alle Wesen mögen durch viel Geld und Getreide und Edelsteine aller Art glücklich sein!
Möge niemand Leiden und Schmerz treffen, mögen alle Wesen sich wohl befinden, von schöner, angenehmer und lieblicher Gestalt sollen sie stets mit viel Glück überhäuft sein!

Aus: M. Winternitz, Der Mahâyâna-Buddhismus. Religionsgeschichtliches Lesebuch, Heft 15, Mohr Verlag, Tübingen 1930, S. 46/47

Buddhistische Mönche bei der Pflege Suchtkranker und als Lehrer

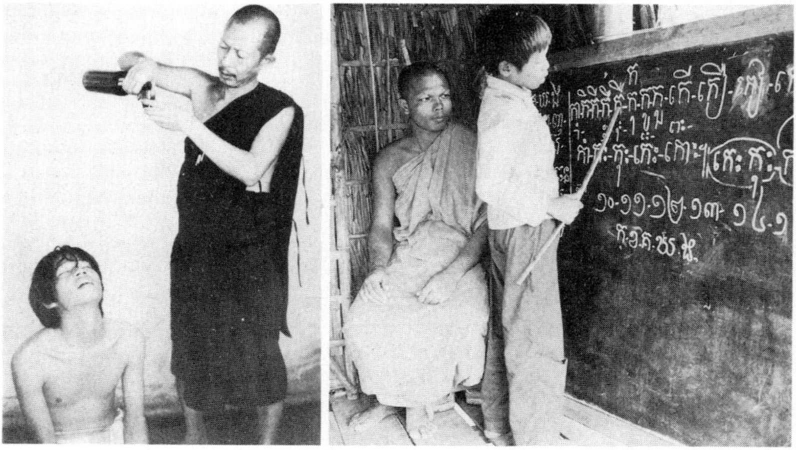

Ansätze zu einer neuen Ethik im Zen-Buddhismus

Zwei Mönche waren spät am Abend auf dem Heimweg ins Kloster. Am Flußufer trafen sie ein hübsches Mädchen, das verzweifelt nach einem Weg über den Strom suchte. Ohne lange zu fackeln nahm der eine Mönch sie in die Arme und trug sie über die Furt. Drüben setzte er sie ab und ging weiter. Das gab seinem Gefährten zu denken. Stundenlang grübelte er über das Benehmen seines Freundes nach, bis er sich schließlich an ihn wandte und sagte: „Du weißt doch, daß die Mönchsregeln uns streng verbieten, auch nur in der Nähe einer Frau zu verweilen, besonders wenn sie jung und hübsch ist. Wie konntest du nur dieses Mädchen so einfach in die Arme nehmen?"
Erstaunt drehte der andere sich um und sagte: „Trägst du sie denn immer noch? Ich habe sie am Fluß zurückgelassen!"

Ein Krieger besuchte Meister Hakuin und fragte: „Gibt es wirklich einen Himmel und eine Hölle?"
„Wer bist du?" fragte der Meister.
„Ein Soldat der kaiserlichen Garde", erwiderte der Krieger stolz.
„Das glaube ich nicht", meinte Hakuin, „dafür siehst du viel zu jämmerlich aus. So einen stellt der Kaiser nicht in die Garde ein!"
Aufbrausend griff der Krieger zum Schwert, doch Hakuin blieb ganz ruhig und sagte nur: „Na los! Wirst du es wirklich schaffen, mir den Kopf abzuschlagen?"
Der Krieger konnte sich nicht mehr zurückhalten und stürzte wütend mit gezogenem Schwert auf den Meister ein.
Der lächelte nur und sagte: „Jetzt kennst du die erste Hälfte der Antwort: Eben hast du die Tore der Hölle geöffnet."
Wie vom Blitz gerührt blieb der Krieger stehen, dann steckte er sein Schwert in die Scheide und verneigte sich vor Hakuin.
„Jetzt kennst du die zweite Hälfte der Antwort", sprach der Meister, „eben hast du die Tore des Himmels geöffnet."

Aus: Zen-Aussprüche und Verse der Zen-Meister, gesammelt von Peter Weber-Schäfer. Insel Verlag, Frankfurt am Main, 1964, S. 40 und 44/45

Horst Bürkle: **[Buddhistische Ethik heute]**

Im Namen des wahren Menschtums und zur Sicherung vor einem menschenunwürdigen oberflächlichen Fortschrittsoptimismus, in Abwehr einseitiger materieller Glücksvorstellungen und in Auseinandersetzung mit politischen Heilsbotschaften tritt der neue Buddhismus als ein wichtiger Partner in der großen Werbekampagne um den Menschen heute auf. Dabei beschränkt er sich keineswegs auf das bescheidene Angebot, für eine von den Gesetzen der Tagesinteressen bestimmte Gesellschaft wieder „anständige Kerle" bereitzustellen. Also gerade nicht die bloße Frage nach der Durchrettung moralischer Maßstäbe, deren keine Zeit und Gesellschaft entbehren kann, bestimmt den Grundakkord buddhistischer Reformen. Darin hat der Buddhismus seinem Stifter auch in der gegenwärtigen Verfremdungssituation die Treue bewahrt, daß er seinen *religiösen* Auftrag nicht verabschiedet, sondern ihn aufs neue erst recht herausstellt.

In welcher Weise der Buddhismus das sittliche Gesetz auf seine religiöse Grunderfahrung zu beziehen vermag, zeigt etwa das Beispiel der Massenbewegung indischer Kastenloser zum Buddhismus. Ihr Sprecher, Dr. Ambedkar, hat den Kampf um die soziale Eingliederung seiner Kastenlosen im Namen des Sittengesetzes des Buddha proklamiert, aber er hat zugleich die Bekehrung zum buddhistischen Glauben und Leben damit verbunden. 500.000 kastenlose Inder sind ihm in einer Massenkonversion im Jahre 1956 darin gefolgt. Im Namen des Buddha wird hier die neue, die bessere Moral proklamiert. Aber das Angebot für die Entrechteten endet nicht in ihrem gesellschaftlichen Eingliederungsprozeß und im sozialen Fortschritt, es schließt jenen „Befreiungskampf" ein, der nach der Lehre des Buddha die Befreiung vom Selbst und damit die Erneuerung der Existenz schlechthin bedeutet. Die neue Ethik des Buddhismus ist auch in ihrer gegenwartsbezogenen Relevanz Ausdruck des Sittlichkeitsverständnisses des Buddha selber: Sie weist über ihre moralische am Tage liegende Nützlichkeit weiter in die religiöse Erneuerung.

Aus: Horst Bürkle, War Buddha ein Moralist? In: Moral – wozu? Hrsg. von Rolf Italiaander. Delp Verlag, München 1972, S. 59/60

Aufgaben zu Teil V,4: Buddhistische Ethik

- ▷ Fassen Sie aus dem gegebenen Textmaterial die Grundlehren des frühen Buddhismus, vor allem die Lehre von den vier heiligen Wahrheiten und vom edlen achtfachen Pfad, mit eigenen Worten zusammen.
- ▷ Worin unterscheiden sich Laien- und Mönchsethik? Vergleichen Sie insbesondere die unterschiedliche Einstellung zur körperlichen Arbeit, zu den Frauen und zu den Geboten.
- ▷ Charakterisieren Sie das Erlöserideal des Bodhisattva und erläutern Sie anhand dieser dem nur schwer zu verstehenden Heilsziel des Nirvana vorgeschalteten greifbareren Mittlergestalt zwischen Diesseits und Jenseits die veränderten Grundlehren des Mahâyâna-Buddhismus.
- ▷ Suchen Sie – aus dem gegebenen Textmaterial heraus – nach Ähnlichkeiten zwischen Mahâyâna-Buddhismus und Christentum.
- ▷ Buddhistische Mönche verlassen zunehmend mehr ihre stillen Meditationsklausen, kümmern sich um Drogensüchtige, bauen Häuser, pflegen Gärten, gründen Schulen, demonstrieren für eine in ihren Augen bessere Welt und gehen in die Politik. Wie verträgt sich dieses nach außen gerichtete Eintreten vieler heutiger Buddhisten für soziale und politische Belange mit den alten Prinzipien zurückgezogenen individuellen Nachdenkens und Meditierens? Versuchen Sie diese neuartige Entwicklung zu erklären.
- ▷ Der Buddhismus in all seinen geschichtlichen Varianten erfreut sich in westlichen Intellektuellenkreisen seit geraumer Zeit großer Beliebtheit, die durch die eklektische Übernahme buddhistischen Gedankenguts in die Lehren orientalisierender Jugendsekten noch verstärkt worden ist. Erklären Sie die Faszination, die der Buddhismus auf das gebildete Europa ausübt. Nennen Sie auch hier die Gefahren einer zu naiven und vorschnellen Übernahme.

5. Islamische Ethik

Gustav Mensching: **Der Islam – Die Religion der vollkommenen Ergebung**

Eine weitere bedeutende Weltreligion ist der Islam, der vom Propheten Mohammed im 7. Jahrhundert n. Chr. auf dem Boden der arabischen Volksreligion gestiftet wurde. Gegenüber der polytheistischen Religion seiner Stammesgenossen tritt der Prophet auf Grund spontaner und erschütternder persönlicher Offenbarungserlebnisse mit der Verkündigung des *einen* Gottes (Allâh = Gott) und des bevorstehenden Gerichtes auf. „Stehe auf und warne", heißt es in seinem Berufungsauftrag. Die Menschen leben in Gleichgültigkeit, Leichtsinn und Ahnungslosigkeit dahin und sind doch von Allâhs Gericht bedroht. Das ist die universale Erlösungsbedürftigkeit. Der Sondergeist des Islam läßt sich am besten von seiner Gotteserfahrung aus verstehen. Allâh wird erlebt und vorgestellt als undeterminierter Wille. Neben ihm gibt es weder andere Götter noch überhaupt selbständige Wesen. Über der Gottheit steht kein sittliches Gesetz, nach dem sie handeln müßte. Dann wäre sie nicht völlig unbedingt. Allâh bringt, wie es in einer Sure des dem Propheten Mohammed nach und nach geoffenbarten heiligen Buches, des Koran, heißt, die Weide hervor und verwandelt sie – völlig irrational – in schwarzen Halm. Dämonische Willensallmacht ist der Gott Mohammeds, ein Willkürwille, von dem alles Lebendige abhängt. Allâh schuf die Welt und leitet sie nicht durch konstante, immanente Gesetze, sondern durch permanentes Eingreifen. Was nach gesetzlicher Regel im Naturgeschehen aussieht, ist in Wahrheit nur Gewohnheit göttlichen Handelns, die jederzeit von Allâh geändert werden kann. Der Inhalt dessen, was Allâh von den Menschen fordert, ist im Gesetz geoffenbart. Dem totalen Anspruch Gottes entspricht die Universalität des Gesetzes, das sich auf alle Lebensgebiete, auch die profanen, bezieht. Der Islam ist daher in besonderer Weise (neben der israelitischen Religion) eine Buch- und Gesetzesreligion. Das ganze Leben der Gläubigen ist von gesetzlichen Bestimmungen geordnet.

Von diesen Grundvorstellungen aus ergeben sich für den Menschen zwei Haltungen: der dämonischen und völlig irrationalen Willensmacht gegenüber ist unbedingte Ergebung (= Islam) geboten, die indessen nicht die (christliche) Gewißheit einschließt, daß Allâh auch auf unverständlichen Wegen alles zum Besten der Gläubigen führen wird. Der Wille der Gottheit ist zu bejahen, nicht weil er gut ist, sondern weil er Gottes, des Allmächtigen, Wille ist. Dieser Wille kann auch in die Irre führen, wie es in der 6. Sure ausdrücklich heißt: „Wen aber Gott *will* leiten, dem erweitert er die Brust zum Islam; und wen er irre gehen lassen *will,* dem macht er eng die Brust und dumpf." Gnädig ist Allâh, wem er will. Diese Ergebung, die man nicht ganz zutreffend als Fatalismus bezeichnet hat, ist eine religiöse Haltung; denn sie ist nicht stumpfe und tatenlose Passivität, sondern sie entspringt aus dem religiösen Wissen um die totale Abhängigkeit des Menschen und seines Schicksals von dem irrationalen Gotteswillen.

Die andere Haltung, in der sich die Ergebung praktisch vollzieht, ist der bedingungslose Gehorsam gegenüber dem Gesetz. Seine große Gestaltungskraft gegenüber dem menschlichen Leben gewann der Islam durch seine Pflichtenlehre. Wie oben bereits angedeutet, bezieht sich diese Pflichtenlehre auf alle Lebensbereiche: neben Fragen des Kultus stehen Anweisungen des Zivil- und Strafrechtes, Begrüßungsformen, Gebräuche bei den Mahlzeiten usw. Die wichtigsten Verpflichtungen sind die sogenannten fünf „Pfeiler“: 1. das Glaubensbekenntnis: „Es gibt keinen Gott außer Allâh und Mohammed ist der Gesandte Allâhs“, 2. das rituelle Gebet (salât), das zu verschiedenen, genau festgesetzten Gebetsstunden und in genau vorgeschriebener Haltung mit einer Vielzahl bestimmter Gesten zu verrichten ist, 3. das Fasten, 4. Almosen, das als genau festgelegte Kapitalsteuer gegeben wird, 5. die Pilgerfahrt nach Mekka, die wenigstens einmal im Leben geschehen soll. In einem Korantext ist die Summe und damit die Lebensmitte islamischer Frömmigkeit eindrucksvoll zusammengefaßt: „Die Frömmigkeit besteht nicht darin, daß ihr eure Gesichter nach Osten oder Westen richtet. Sondern Frömmigkeit hat, wer da glaubt an Gott, an den jüngsten Tag, an die Engel und die Schrift und die Propheten, und sein Gut, wie lieb es ihm auch sei, an seine Verwandten weggibt und an die Waisen, an die Armen und den Wandersmann, an Bettler und zur Freilassung von Sklaven; der die salât verrichtet und Almosen spendet; die ihre Verpflichtungen halten, wenn sie sich verpflichtet haben; die geduldig sind während der Trübsal, Not und schwerer Zeit. Sie sind es, die rechtschaffen sind; sie sind es, die gottesfürchtig sind“ (Sure 2, 172 ff.)

Aus: Gustav Mensching, Die Religion. Schwab Verlag, Stuttgart 1959, S. 59 ff.

Islamische Gläubige in Samarkand/Usbekistan beim Gebet

Die religiös-ethischen Gebote des Koran

22: Setz nicht (dem einen) Gott einen anderen Gott zur Seite, damit du (schließlich) nicht getadelt und verlassen dasitzt! **23:** Und dein Herr hat bestimmt, daß ihr ihm allein dienen sollt. Und zu den Eltern (sollt ihr) gut sein. Wenn eines von ihnen (Vater oder Mutter) oder (alle) beide bei dir (im Haus) hochbetagt geworden (und mit den Schwächen des Greisenalters behaftet) sind, dann sag nicht: ‚Pfui!' zu ihnen und fahr sie nicht an, sondern sprich ehrerbietig zu ihnen, **24:** und senke für sie in Barmherzigkeit den Flügel der (Selbst)erniedrigung *(ĝanāḥa d̲ulli)* und sag: ‚Herr! Erbarm dich ihrer (ebenso mitleidig), wie sie mich aufgezogen haben, als ich klein (und hilflos) war!' **25:** Euer Herr weiß sehr wohl, was ihr in euch bergt. (Er erkennt) falls ihr rechtschaffen seid (euren guten Willen an, auch wenn ihr seinen Geboten nicht durchweg nachzukommen vermögt). Den Bußfertigen ist er bereit zu vergeben. **26:** Und gib dem Verwandten, was ihm (von Rechts wegen) zusteht, ebenso dem Armen und dem, der unterwegs ist! Aber sei (dabei) nicht ausgesprochen verschwenderisch! **27:** Diejenigen, die verschwenderisch sind, sind Brüder der Satane. Und der Satan ist seinem Herrn gegenüber undankbar *(kafūr)* **28:** Und falls du dich von ihnen abwendest (ohne ihnen etwas zu geben), indem du erwartest, daß dein Herr, wie du hoffst, sich (ihrer) erbarmen wird, dann sprich (wenigstens) begütigend zu ihnen *(qul lahum qaulan maisūran)!* **29:** Mach nicht, daß deine Hand (gleichsam) an deinen Hals gefesselt ist! Aber streck sie (auch) nicht vollständig aus (indem du hemmungslos Geschenke austeilst), damit du (schließlich) nicht getadelt und (aller Mittel) entblößt dasitzt! **30:** Dein Herr teilt den Unterhalt (reichlich) zu, wem er will, und begrenzt (ihn auch wieder). Er kennt und durchschaut seine Diener. **31:** Und tötet nicht eure Kinder aus Furcht vor Verarmung! Wir bescheren ihnen und euch (den Lebensunterhalt). Sie zu töten ist eine schwere Verfehlung. **32:** Und laßt euch nicht auf Unzucht ein! Das ist etwas Abscheuliches – eine üble Handlungsweise! **33:** Und tötet niemand, den (zu töten) Gott verboten hat, außer wenn ihr dazu berechtigt seid! Wenn einer zu Unrecht getötet wird, geben wir seinem nächsten Verwandten *(walī)* Vollmacht (zur Rache). Er soll (aber) dann im Töten nicht maßlos sein (und sich mit der bloßen Talio begnügen). Ihm wird ja (beim Vollzug der Rache) geholfen *(innahū kāna manṣūran).* **34:** Und tastet das Vermögen der Waise nicht an, es sei denn auf die (denkbar) beste Art! (Laßt ihr Vermögen unangetastet) bis sie volljährig geworden ist (und selber darüber verfügen darf)! Und erfüllt die Verpflichtung (die ihr eingeht)! Nach der Verpflichtung wird (dereinst) gefragt. **35:** Und gebt, wenn ihr zumeßt, volles Maß und wägt mit der richtigen Waage! So ist es am besten (für euch) und nimmt am ehesten einen guten Ausgang. **36:** Und geh nicht einer Sache nach, von der du kein Wissen hast! Gehör, Gesicht und Verstand, – für all das wird (dereinst) Rechenschaft verlangt. **37:** Und schreite nicht ausgelassen (und überheblich) auf der Erde einher! Du kannst (ja) weder ein Loch in die Erde machen noch die Berge an Höhe erreichen. **38:** Jedes derartige schlechte Verhalten ist deinem Herrn zuwider. **39:** Das ist (etwas) von dem, was dein Herr dir an Weisheit eingegeben hat. Setz nicht (dem einen) Gott einen anderen Gott zur Seite, damit du (schließlich) nicht der Hölle verfällst, getadelt und verworfen!

Aus: Der Koran, Sure 17,22–39, übersetzt von Rudi Paret, Kohlhammer Verlag, Stuttgart 1962, S. 229 ff.

Das islamische Glaubensbekenntnis (šahāda)

Das Aussprechen des Zeugnisses: „Ich bezeuge, daß es keine Gottheit außer Gott gibt und daß Muhammad der Gesandte Gottes ist" stellt die erste und zentrale Pflicht des Muslims dar. Denn erst durch dieses Bekenntnis bezeugt er seine Zugehörigkeit zum Islam und bekräftigt seine Treue zur Wahrheit Gottes und seiner Botschaft. Mittelpunkt dieses Glaubensbekenntnisses ist die Einzigartigkeit Gottes, dem nichts gleicht. Ein Muslim, der das Glaubensbekenntnis nicht mehr für verbindlich hält, gilt als aus der Gemeinschaft (Umma) ausgestoßen. Offener Glaubensabfall wurde früher mit dem Tode bestraft. Einige Gruppen verlangen dies auch heute noch.

Aus: Monika Tworuschka, Islam. Vandenhoeck & Ruprecht, Göttingen 1982, S. 62

Die fünf Grundpflichten (arkān) des Muslim

Nach allgemeiner Auffassung beruht der Islam auf fünf *arkān* „Grundpfeilern", die also die wesentlichen Pflichten des Muslim sind. Es sind die *šahāda*, das Glaubensbekenntnis, die *ṣalāt*, der pflichtmäßige Gottesdienst, die *zakāt*, die Almosensteuer, *ṣaum,* das Fasten im Monat Ramadān, und der *ḥaǧǧ*, die Pilgerfahrt. Diese Fünfzahl stand, wenn sie auch auf einen angeblichen Ausspruch des Propheten zurückgeführt wird, nicht immer völlig fest. Besonders schien der Glaubenskrieg *(ǧihād)* zeitweilig Aussicht zu haben, unter die *arkān* des Islam gerechnet zu werden. Sie hat sich aber schließlich in der aufgeführten Form gänzlich durchgesetzt.

[...]

Eine besonders eigenartige Entwicklung läßt sich an dem 3. „Grundpfeiler" des Islam, wenigstens in den Hauptzügen, verfolgen, der *zakāt* „Wohltätigkeit", die – ursprünglich eine durchaus freie fromme Übung – allmählich zu einer regelrechten Steuer geworden ist. Ansätze zu dieser Entwicklung gehen in die medinische Periode des Propheten zurück, in der er eine Art Staatskasse nötig hatte und sie aus der allgemeinen Wohltätigkeit zu speisen bemüht war. Besonders als sich ihm immer mehr Beduinenstämme anschlossen, wurde diesen ziemlich genau vorgeschrieben, was sie an wohltätigen Spenden an seine Beamten zu liefern hatten. Im Gestez ist die *zakāt* schließlich zu einer genau berechneten Einkommens-bzw. Vermögenssteuer von gewissen Vermögensteilen geworden. [...] Zu verwenden ist diese Almosensteuer nach den Gesetzbüchern für 8 verschiedene Zwecke: 1. für Arme, 2. für Bedürftige - beide Kategorien werden unterschieden, doch ist die Ausdeutung nicht einheitlich –, 3. die mit der Einziehung der Steuer beauftragen Beamten, 4. „diejenigen, deren Herzen gewonnen werden müssen", d. h. solche, deren religiöser Eifer dadurch gestärkt werden soll, 5. für Sklaven als Unterstützung bei dem Unternehmen, sich selbst frei zu kaufen, 6. für Schuldner, die durch Schulden für einen guten oder doch erlaubten Zweck in Not geraten sind, 7. für den Pfad Gottes *sabīl Allāh*, d. h. in erster Linie für den Glaubenskrieg oder auch für andere verdienstliche öffentliche Werke, 8. für notleidende Reisende.

Aus: Richard Hartmann, Die Religion des Islam. Eine Einführung, Mittler & Sohn, Berlin 1944, S. 65 und 69 f.

Johan Bouman: [Die Grundlagen der islamischen Sittlichkeit]

Diese Botschaft ist das Hauptmotiv des ganzen Korans geworden, uneingeschränkt durchgehalten von Anfang bis Ende: „Euer Gott, das ist Allah, der Einzige; es gibt keinen Gott außer ihm" (Sure 2, 163). So wichtig war diese Botschaft, daß sie zum ersten Satz des islamischen Glaubensbekenntnisses geworden ist, und der moderne islamische Schriftsteller Muhammad Hamidullah hat sicherlich Recht, wenn er erklärt: „Die islamische Sittlichkeit beginnt mit Verzicht auf jegliche Anbetung von Dingen außerhalb Gottes" (*Der Islam,* Genf 1968, S. 154). Diese koranische Absolutheit des monotheistischen Glaubens hat dann auch folgerichtig als Kehrseite, daß der *shirk,* das Zugesellen Anderer an die Seite Gottes, die einzige Sünde ist, die nie von Gott vergeben werden wird (Sure 4, 48).

Mit diesem Gebot steht notwendigerweise die Antwort des Menschen, die sein ganzes Verhalten bestimmt, fest. Der Mensch wird aufgerufen, in *islam* – völlige Unterwerfung unter die Macht Gottes – zu leben und sein ganzes Wesen in den Dienst des *ikhlas* – die völlige, gläubige Hingebung zu Gott, wie es in Sure 112, dem liturgischen Glaubensbekenntnis des Islam, heißt – zu stellen. Denn nicht der Mensch, sondern Gott ist die erste und einzige Wirklichkeit. Die ganze Schöpfung steht unter seiner absoluten Allmacht, denn er hat sie durch sein schöpferisches Wort hergerufen. Und der Mensch als Teil seiner Schöpfung ist sowohl sein Sklave als sein Diener, der nur im rechten Verhältnis zu seinem Schöpfer steht, wenn er sein ganzes Tun und Lassen von der Ehrfurcht vor Gott bestimmen läßt. Die absolute Allmacht Gottes und die völlige Unterwerfung des Menschen sind also das Erste und das Wichtigste, was wir vom Islam zu sagen haben, bevor wir über seine Moral sprechen können. Und doch können wir von hieraus nicht unmittelbar zu der Behandlung der islamischen Moral vorstoßen.

Denn diese Moral steht nicht selbständig da, sondern ist völlig von dem Willen Gottes geprägt worden. Aber in dieser Weise ist es doch noch zu schwach ausgedrückt, denn, wenn Allah, der Gott des Islam, seinen Willen bekannt macht, dann macht er zu gleicher Zeit auch seine Gerechtigkeit, sein Verfahren im Laufe der Geschichte mit Menschen und Völkern in Gericht und Barmherzigkeit bekannt.

Dieser Gott ist nicht nur der einzige Gott, nicht nur der allmächtige Schöpfer des Himmels und der Erde, er ist auch der Gott der absoluten Gerechtigkeit.

Sein Wille und seine Gerechtigkeit hängen unmittelbar miteinander zusammen. Im Koran hat er bekannt gemacht, was er vom Menschen verlangt und wie er mit dem Menschen verfahren wird. Deutlich hat er mitgeteilt, daß er seine Liebe nur denjenigen spenden wird, die Gutes tun (2, 195), die reuevoll zu ihm kehren und sich reinigen (2, 222), die gerecht handeln (5, 42). Wenn der Mensch sich in Ehrfurcht Gott unterworfen hat, dann soll er auch Worte sprechen, die sich geziemen (4, 9), sich nicht untereinander verleumden (49, 11), Almosen spenden (92, 5), dem Vermögen der Waisen nicht zu nahe kommen (6, 152), ein gerechtes Zeugnis ablegen (5, 108), und viele andere Sachen mehr, die das moralische Verhalten der jungen Gemeinde regeln. Sein Wille hat einen solchen absoluten und strengen Charakter, daß seine Gnade und sein Erbarmen nur denjenigen, die an ihn glauben und gerecht handeln, zuteil wird. Die Ungläubigen aber und diejenigen, die nicht nach seinem Gebote handeln, werden von ihm sicherlich zugrunde gerichtet. So sagt es der Koran deutlich: „Gott liebt die Ungläubigen nicht" (3, 32; 6, 144). Und obwohl der Koran auch sagt, daß Gott vergibt und straft, wen er will (3, 129; 5, 40), ist er doch der Gott der absoluten Gerechtigkeit, der Gute belohnt und Böse bestraft. So sehr ist Allah der Gott der absoluten Gerechtigkeit, daß jeder dritte Vers im Koran auf die eine oder andere Weise von dieser strafenden oder belohnenden Gerechtigkeit redet. [...]

Radikale Muslime bedrohen 1989 den britisch-indischen Schriftsteller Salman Rushdie mit dem Tod, da sie in ihm einen Abtrünnigen des Islam sehen, der in seinem Roman „Satanische Verse" den Propheten Mohammed beleidigt habe. (Vgl. hierzu die Texte S. 68 oben und S. 70.)

Wie das in mehreren Fällen im Islam der Fall ist, so ist auch die Moral auf der Theologie aufgebaut worden. Hier ist der weitaus wichtigste Satz: Gott liebt die Feinde nicht. Dieses Thema wird im Koran auf verschiedene Weise und unter verschiedenen Aspekten mehrfach wiederholt. Wir nennen ein paar Beispiele: Allah hat die Ungläubigen zurückgetrieben (33, 25), wer Allah verleugnet, den trifft der Zorn Allahs (16, 107), die Ungläubigen und diejenigen, die Böses tun, finden keine Verzeihung bei Allah (4, 168–169). Jene, welche die Zeichen Allahs leugnen, werden an seiner Barmherzigkeit verzweifeln, und eine qualvolle Strafe erwartet sie (29, 23). Die Gläubigen und Rechtschaffenen werden von Allah anders behandelt werden als die Ungläubigen und die Frevler. Denn der Koran sagt genau, daß es den Gläubigen gut gehen wird, Allah wird sie retten (39, 61) und ihnen das Leben im Paradies schenken (7, 43, 51). So ist ein Jeder Gott gegenüber für seine eigenen Taten verantwortlich.

Dieses Verhalten Gottes bestimmt unmittelbar das Verhalten der Gläubigen. Genau wie Allah sollen sie ihre Feinde nicht lieben. Auch dieses Thema wird im Koran mehrfach wiederholt.

Wir nennen wiederum ein paar Beispiele: Diejenigen, die den Unglauben dem Glauben vorziehen, können nicht zu Freunden angenommen werden (9, 23), die Gläubigen sollen die Ungläubigen nicht zum Beschützer annehmen (4, 144), diejenigen, die lieber Ungläubige als Gläubige zu Freunden nehmen, werden bei Allah keine Ehre finden (4, 140), die Beiträge der Ungläubigen darf man nicht annehmen (9, 54), an ihrem Grabe soll man kein Gebet sprechen (9, 84). Diese Trennung von den Feinden Allahs soll ganz ernst genommen werden, denn der Kampf auf Leben und Tod gegen sie wird von Allah vorgeschrieben (8, 15–16), und umgekehrt soll der Gläubige, genau wie Allah dies tut, mit seinen Freunden sehr tolerant verfahren. Die islamische Moral hat Muhammad Hamidullah folgendermaßen zusammengefaßt: „Der Islam ist eine vollständige Richtschnur für das Leben, er schreibt nicht nur den Glauben vor, sondern auch die gesellschaftlichen Verhaltensregeln. Darüber hinaus kümmert er sich darum, daß seine Gesetze angewandt und richtig ausgeführt werden. Es ist bekannt, daß der Islam das irdische Leben nicht als Selbstzweck ansieht oder an einen Körper ohne Beziehung zur Seele glaubt; im Gegenteil: er lehrt gerade den Glauben an ein Jenseits, und sein Hauptleitspruch, der im Koran (2, 201) verankert ist, spricht vom ‚Wohlergehen auf Erden ebenso wie Wohlergehen im Jenseits'. So bleibt er nicht dabei stehen, das Gute zu loben und das Böse zu verdammen, sondern er hält auch Anerkennungen und Strafen sowohl geistiger als irdischer Art bereit" (Der Islam, S. 151).

Aus: Johan Bouman, Wollte Muhammad eine „Gegenmoral" zum Christentum schaffen? In: Rolf Italiaander (Hrsg.), Moral – wozu? Zur Geschichte und zur gegenwärtigen Problematik der Moral. Ein Symposium. Delp Verlag, München 1972, S. 105–107 und 111–112

Sünde und Vergebung

Große und kleine Sünden

Die islamischen Theologen teilen die Sünden in große und kleine ein. Sie berufen sich dabei auf die Aussage des Korans:
Diejenigen, die die schweren Sünden und die abscheulichen Handlungen meiden – abgesehen von gelegentlichen Verstößen – (dürfen auf Vergebung hoffen). Dein Herr ist großzügig im Vergeben. (Sure 53,32)
Was man aber als große und was man als kleine Sünde betrachten muß, ist umstritten. Auch die Kriterien zur Beurteilung der Handlungen der Menschen sind nicht bei allen Theologen gleich. Ghazzālī (1059–1111) nimmt Bezug auf die drei Ebenen, die für das religiöse Leben von Bedeutung sind: Gott, seine Erkenntnis und der Glaube an ihn; – das menschliche Leben; – was dieses Leben sichert und fördert. Am schwersten sind also die Sünden, die sich gegen Gott und den Glauben richten, denn sie machen das Heil des Menschen direkt unmöglich. Dann kommen die Sünden, die sich gegen das Leben des Menschen richten, es vernichten oder wenigstens beeinträchtigen (Mord, Totschlag, Verstümmelung, Gewaltanwendung, Unzucht ...). In die letzte Kategorie gehören die Sünden, die sich gegen die Mittel richten, die das Leben ermöglichen (Vergehen gegen Eigentum, den guten Ruf, die Wahrheit als Mittel der notwendigen Verständigung ...).

Vergebung der Sünden

In unzähligen Versen wiederholt der Koran, daß Gott barmherzig und reich an Vergebung ist (u. a. Sure 2,173.182.192.199.218.225.226.235 ...). Gott ist bereit, alle Sünden des Menschen zu vergeben (S 39,53), wem er will (u. a. S 2,284; 3,129 ...). Eine Ausnahme bildet der Unglaube in seinen verschiedenen Varianten. Wer ungläubig ist und frevelt, wird keine Vergebung finden (S 4,168; 9,80). Desgleichen werden die Heuchler, die ihren Unglauben verbergen und versuchen, andere vom Glauben abzubringen (S 63,6) und die Ungläubigen, die zudem in ihrem Unglauben sterben, keine Vergebung von Gott erfahren (S 47,34; 4,18). Eine besonders schwere Variante des Unglaubens, der nicht vergeben wird, ist die Beigesellung, die Anerkennung anderer Gottheiten neben dem einzigen Gott (S 4,48.116). Endlich ist der Abfall vom Glauben eine so schwere Abwendung von Gott, daß Gott ihn nicht vergibt (S 4,137; vgl. S 16,106–107; 2,217; 3,86–91). Nicht einmal die Fürbitte des Propheten Mohammed wird Gott dazu bewegen, allen diesen Ungläubigen zu verzeihen (S 63,6; 9,80).
Die Vergebung der übrigen Sünden ist grundsätzlich möglich. Bedingung zur Erlangung der göttlichen Vergebung ist zunächst der Glaube. Wer glaubt, kann mit der Verzeihung seiner Sünden rechnen (vgl. S 20,73; 26,51; 46,31). Desgleichen darf auf Vergebung hoffen, wer dem Propheten folgt (S 3,31) und sonst seine religiösen Pflichten erfüllt.
Der gläubige Sünder erlangt die Vergebung seiner schweren Sünden vor allem durch Reue und Umkehr (S 42,25; 4,17). Denn Buße und gute Werke versöhnen mit Gott (S 5,39; vgl. u. a. S 25,71). Deswegen mahnt der Koran die Gläubigen zur Reue und zur Buße (S 24,31; 66,8; 5,74; vgl. S 11,3.52.61.90). Die Sünder sollen auch Gott um Vergebung bitten (S 3,135–136):

Diejenigen, die, wenn sie etwas Abscheuliches getan oder (durch sündigen Lebenswandel) gegen sich selber gefrevelt haben, Gottes gedenken und (ihn) um Vergebung für ihre Schuld bitten – und wer könnte Schuld vergeben, außer Gott? – und (die) in dem, was sie getan haben, nicht beharren, wo sie wissen (daß es Sünde ist), deren Lohn besteht in Vergebung von ihrem Herrn und in Gärten ... (= Paradies).
Was die Vergebung der kleineren Sünden anbelangt, so vergibt sie Gott dem reuigen Gläubigen. Gott erklärt den kleinen Sündern, daß sie Vergebung finden werden, wenn sie die größeren Sünden vermeiden (S 53,32; 4,31). „*Diejenigen, die umkehren und rechtschaffen handeln, denen wird Gott ihre schlechten Taten gegen gute eintauschen. Er ist barmherzig und bereit zu vergeben*“ (S 25,70). Endlich wird dem frommen Gläubigen, der z. B. das vorgeschriebene Gebet verrichtet, versichert, „*die guten Taten lassen die schlechten Taten dahinschwinden*“ (S 11,114).

Aus: Adel Th. Khoury, Einführung in die Grundlagen des Islam. (Islam und westliche Welt Bd. 3). Styria Verlag, Graz ^{2}1981, S. 224–226

Recht und Strafe

Totschlag und Vergeltung

Der Koran gebietet den absoluten Respekt des Lebens. Denn, so lautet der allgemeingültige Grundsatz (S 5,32):
Wenn einer jemanden tötet (und zwar ohne Berechtigung) ..., so ist es so, als ob er die Menschen alle getötet hätte. Und wenn einer jemanden am Leben erhält, so ist es so, als ob er die Menschen alle am Leben erhalten hätte.
So verbietet der Koran mit Entschiedenheit den Mord (S 4,29.92), und er mahnt die Eltern, ihre Kinder nicht aus Verarmung zu töten, denn Gott wird für sie und für ihre Kinder sorgen (S 6,151). Der vorsätzliche Mörder wird von Gott dem Zorn, dem Fluch und der Hölle ausgeliefert (S 4,93).
Außerdem ist ein solcher Mörder der Vergeltung durch die Verwandten des Ermordeten ausgesetzt. (S 2,178):
Ihr Gläubigen! Bei Totschlag ist euch die Wiedervergeltung vorgeschrieben: ein Freier für einen Freien, ein Sklave für einen Sklaven Und ein weibliches Wesen für ein weibliches Wesen.
Nur in solchen Fällen ist man berechtigt, Rache zu nehmen und zu töten (S 25,58; 17,33; 6,151; 5,32). Aber, so schärft der Koran ein, man darf dann „im Töten nicht maßlos sein“ (S 17,33).

Gerechtigkeit

Der Koran tritt entschieden für die Gerechtigkeit ein, die er zu einer besonderen Tugend der Moslems erhebt (S 5,8):
Ihr Gläubigen! Steht Gott gegenüber als Zeugen für die Gerechtigkeit ein! Und der Haß, den ihr gegen (gewisse) Leute hegt, soll euch ja nicht dazu bringen, daß ihr nicht gerecht seid. Seid gerecht! Das entspricht eher der Gottesfurcht. Und fürchtet Gott! Er ist wohl darüber unterrichtet, was ihr tut. (Vgl. S 7,29; 49,9)

Die Gerechtigkeit besteht darin, einem jeden zu geben, was ihm gehört. So dürfen die Gläubigen sich nicht untereinander in betrügerischer Weise um ihr Vermögen bringen (S 2,188; 4,29). Auch im Geschäft müssen Betrug und Unehrlichkeit verbannt werden: *„Gebt volles Maß und Gewicht, so wie es recht ist"* (S 6,152; vgl. S 55,8–9; 83,1–3; 26,181–182; 17,35; 11,85; 7,85) [...] Ganz allgemein muß der Gläubige die von ihm eingegangenen Verpflichtungen erfüllen (S 2,177). Die Gerechtigkeit fordert auch, daß man den Verwandten ihr Recht gibt, ebenso den Armen und den Reisenden (S 30,38). Man darf also ihre Situation nicht ausnutzen, um sie um ihr Recht zu betrügen. Nicht einmal gegen sonst friedliche Ungläubige darf man ungerecht handeln (S 60,8).
Endlich soll die Gerechtigkeit walten bei jedem Schiedsspruch und jedem Richterurteil (S 4,58), auch wenn es um Verwandte geht (S 6,152).
So soll keiner den Leuten abzwacken, was ihnen gehört (vgl. S 26,183; 11,85; 7,85). Wer dennoch, Mann oder Frau, einen Diebstahl begeht, wird hart bestraft: *„Haut ihnen die Hand ab, zum Lohn für das, was sie begangen haben, und als warnendes Exempel von seiten Gottes"* (S 5,38). Wer jedoch umkehrt und sich bessert, wird verschont (S 5,39). Auf Räuber und Gewalttätige wendet das islamische Strafrecht die Drohung des Korans an: Sie sollen *„umgebracht oder gekreuzigt werden, oder es wird ihnen wechselweise Hand und Fuß abgehauen, oder sie werden des Landes verwiesen"* (S 5,33), es sei denn, sie kehren um, bevor man sie erfaßt hat (S 5,34).

Aus: Adel Th. Khoury, Einführung in die Grundlagen des Islam. Styria Verlag, Graz [2]1981, S. 231 f. und 234 f.

Zur Stellung der Frau im Islam

Gebote aus dem Koran

„Und zu seinen [Allâhs] Zeichen gehört es, daß er euch aus euch selber Gattinnen geschaffen hat, damit ihr bei ihnen wohnet. Und er hat bewirkt, daß ihr einander in Liebe und Güte zugetan seid." *(Sure 30,20)*
„Die Männer stehen den Frauen voran wegen dessen, was Allâh den einen vor den anderen gegeben hat, und weil sie von ihrem Geld für die Frauen auslegen. Die rechtschaffenen Frauen sind gehorsam und sorgsam in der Abwesenheit ihrer Gatten, wie Allâh für sie sorgt. Diejenigen aber, für deren Widerspenstigkeit ihr fürchtet – warnet sie, verbannet sie in die Schlafgemächer und schlaget sie. Und so sie euch gehorchen, so suchet keinen Weg wider sie; siehe, Allâh ist hoch und groß." *(Sure 4,38)*
„Und gebet den Frauen ihre Morgengabe freiwillig. Und so sie euch gern etwas davon erlassen, so genießet es bekömmlich und zum Wohlsein." *(Sure 4,28)*
„Und er sprich zu den gläubigen Frauen, daß sie ihre Blicke niederschlagen und ihre Scham hüten und daß sie nicht ihre Reize zur Schau tragen." *(Sure 24,31)*

Aus: Der Koran, aus dem Arabischen übertragen von Max Henning, Reclam Verlag, Stuttgart 1960, S. 381, 93, 92, 332

Zur Polygamie im Islam

„Und wenn ihr fürchtet, in Sachen der (eurer Obhut anvertrauten weiblichen) Waisen nicht recht zu tun, dann heiratet, was euch an Frauen gutdünkt, (ein jeder) zwei, drei oder vier. Und wenn ihr fürchtet, (so viele) nicht gerecht zu (be)handeln, dann (nur) eine, oder was ihr (an Sklavinnen) besitzt! So könnt ihr am ehesten vermeiden, unrecht zu tun." *(Koran, Sure 4,3)*

Die historische Entstehungssituation

Auf den ersten Blick könnte man aus dem Vers den Eindruck gewinnen, er räume dem Mann im Rahmen der Ehe eine besonders große Freiheit zu. Doch Muhammad führte mit dieser Anweisung nicht die Mehrehe ein, sondern *begrenzte* die neben anderen Formen der Ehe, z. B. Polyandrie (Vielmännerei), bestehende Polygamie (Vielweiberei) des vorislamischen Arabertums auf vier Frauen. Daß er die Mehrehe nicht völlig untersagte, muß vor dem Hintergrund der damaligen Zeit gesehen werden, in der die Monogamie nicht die allgemein übliche Eheform darstellte. Hinzu kommt, daß der Vers mit großer Wahrscheinlichkeit direkt nach der Niederlage der Muslime gegen die Mekkaner bei der Schlacht von Uhud geoffenbart wurde, als die Frage der unversorgten Waisen und Witwen im Mittelpunkt stand. Der erste Teil des Verses will in diesem Zusammenhang sagen, daß der Gläubige sich nicht den Besitz der Mündel, deren Vormundschaft er übernommen hat, widerrechtlich aneignen darf. Er soll sie auch nicht heiraten, um auf diese Weise an den Besitz einer verwaisten oder verwitweten Frau zu kommen. Wenn er aber nicht von materiellen Erwägungen geleitet wird, darf er bis zu vier Frauen ehelichen. Die Polygamie stellte in jener Zeit somit unter anderem eine Notversorgung dar, um den durch Kriege verursachten Frauenüberschuß auszugleichen und eine Schwächung oder den Untergang der jungen Gemeinde zu verhindern.

Der juristische Zusammenhang

Man darf diesen Vers nicht losgelöst von anderen Bestimmungen sehen, die Muhammad bezüglich der Stellung der Frau traf. Im vorislamischen Arabertum war die Frau rechtlich kaum abgesichert und oft von der Willkür der männlichen Verwandten abhängig. Es war sogar üblich, weibliche Neugeborene auszusetzen. Daneben zeigten sich noch Spuren von Matriarchat bei einigen Stämmen, und es gab auch Frauen, die als Dichterinnen und Gelehrte hohes Ansehen genossen. Aber kurz vor Muhammads Auftreten entwickelten sich zunehmend patriarchalische Strukturen. Demgegenüber erließ Muhammad Bestimmungen, die die Stellung der Frau wesentlich verbesserten:

- Verbot der Aussetzung weiblicher Neugeborener.
- Nicht die Sippe, sondern die Frau erhält das Brautgeld und verwaltet ihr Vermögen selbst. Sie ist geschäftsfähig und kann alle möglichen ökonomischen Aktivitäten (z. B. Kauf, Verkauf, Erben, Vererben usw.) ausüben (4,7; 12, 176).
- Dem Ehemann wird eine gewisse Sorgepflicht auferlegt. Die Willkür des Mannes bei der Scheidung wird dadurch eingeschränkt, daß er eine bestimmte Wartezeit einhalten muß und die Scheidung generell als „zwar erlaubt, aber verabscheuungswürdig" gilt. Auch soll die Ehe nach Möglichkeit aufrechterhalten werden (4, 35) (Zur Scheidung: 2, 226 ff.; 4, 129; 65, 1 ff.)
- Die Frau gilt als religiös gleichwertig und unterscheidet sich – als Stellvertreterin Gottes – nicht in ihrer Stellung vor Gott (3, 196; 16, 99).

  Obwohl sich ihre Position entschieden verbessert hat, ist die Frau im Scheidungs- und Erbrecht dem Mann nicht völlig gleichgestellt [...].

Wirkungsgeschichte

Generell kann man sagen, daß sich die Stellung der Frau im Verlauf der Jahrhunderte durch die Entwicklung der einzelnen Gesetzestraditionen eher verschlechterte.

Während Koran und Sunna die Frau nicht eindeutig aus dem öffentlichen Leben verbannten, nahm der Lebensstil nach der Übernahme des Kalifats durch die Abbasiden (749/50–1258) persische und byzantinische Sitten, wie zum Beispiel Schleier und Harem, auf.

Zunächst war es nur in der Oberschicht üblich, daß Frauen ihr Gesicht verhüllten und sich in einem separaten Bereich des Wohnhauses aufhielten. Was jedoch zunächst noch Zeichen feiner Gesittung war, wurde von islamischen Theologen aufgegriffen und durch den Koran und das Recht legitimiert. Man berief sich dabei auf Äußerungen Muhammads dahingehend, daß sich gläubige Musliminnen außerhalb des Hauses schamvoll zu kleiden hätten. Allerdings erfüllte diese Anweisung des Propheten den Zweck, die Musliminnen als anständige Frauen zu kennzeichnen, nicht aber sie aus dem gesellschaftlichen Leben zu verbannen.

Neuorientierung in der Moderne

Im Lauf der Jahrhunderte wurde der Wirkungsbereich der Frau wesentlich auf das Haus beschränkt, bis im 19. Jahrhundert Reformer, wie beispielsweise Muhammad Abduh und Qāsim Amīn und Rāschid Riḍā auftraten, um den Islam aus seinem erstarrten Traditionalismus aufzurütteln. Dabei widmeten sie sich auch der Frauenfrage. Die ersten Emanzipationsbestrebungen blieben auf eine kleine Schicht beschränkt. Hauptkritikpunkte waren die mangelnde Ausbildung der Mädchen, das Scheidungsrecht, die Polygamie und die Nichtbeteiligung der Frau am öffentlichen Leben.

In diesem Zusammenhang wurde auch diskutiert, ob die geschichtlichen Voraussetzungen, die im Frühislam die Beibehaltung der Polygamie als notwendig erscheinen ließen, heute noch gegeben sind. Zum ersten Mal werden hier Abschnitte des Korans nicht als unveränderliche Offenbarungsschrift, sondern auch als historisches Dokument betrachtet. Abduh unterscheidet zwischen absoluten Aussagen, die für alle Zeiten Gültigkeit besitzen, und relativen Bestimmungen, die den unterschiedlichen gesellschaftlichen Gegebenheiten angepaßt werden müssen. Er äußert die Ansicht, daß die Einehe sowie die daraus resultierende moralische Gleichberechtigung im Koran angelegt sind und das größtmögliche Wohl für Familie und Gesellschaft bedeuten.

Auch bei den zeitgenössischen Interpretationen dieses Verses liegt die Betonung weniger auf der Zahl vier als auf der ausdrücklichen Forderung, sie *alle gleich behandeln* zu müssen. Bis jetzt haben allerdings nur Tunesien, der Irak, Syrien und die Türkei unter Berufung auf diesen Vers die Polygamie generell verboten. In den anderen Ländern kann sie mit großer Einschränkung noch praktiziert werden. Es ist jedoch einer Frau häufig möglich, von vornherein die Bedingung in den Ehevertrag aufnehmen zu lassen, daß sie die einzige Frau bleibt. Zum anderen machen es die wirtschaftlichen Verhältnisse in der Regel schwer, sich mehr als eine Frau zu leisten. Beispielsweise lag in Ägypten der Jahresdurchschnitt polygamer Ehen von 1950–1969 zwischen 7 %–8 % bei der Heirat mit einer zweiten Frau, zwischen 3,7 %–4,5 % bei der Heirat mit einer dritten Frau und bei einer vierten Eheschließung zwischen 0,03 %–0,04 %. Dennoch gibt es immer wieder Stimmen, die auf ein generelles Verbot drängen. Befürworter der Polygamie argumentieren hingegen, daß die Position einer zweiten, dritten und vierten Frau in einer islamischen Ehe noch immer besser als die einer Freundin oder Geliebten in Europa sei (Stichwort: Latente Polygamie).

In den meisten islamischen Ländern besitzen die Frauen heute aktives und passives Wahlrecht und sind im Wirtschafts-, Handels- und Strafrecht annähernd gleichgestellt. Die unterschiedliche rechtliche Stellung macht sich vor allem beim Ehe- und Familienrecht bemerkbar, wo die islamische Scharia [das Sittengesetz] teilweise noch Gültigkeit besitzt. Neben der mit Einschränkung gestatteten Polygamie sind es vor allem das Scheidungsrecht und das damit in Zusammenhang stehende, für die Frau fehlende Sorgerecht für die Kinder nach einer Scheidung, die als ungerecht empfunden werden. Weitere Probleme stellen die trotz Verbot bestehende Kinderehe und die immer noch strenge geschlechterspezifische Erziehung dar.

Die Geschlechtertrennung und die Angst um den guten Ruf eines Mädchens, das mit seinem Fehltritt nicht nur sich selbst, sondern die ganze Familie entehrt, haben nicht unbedingt ihre Ursachen im Islam, wenn sie auch bisweilen durch die Religion gerechtfertigt werden. Auch bei arabischen Christen, strenggläubigen Juden und spanischen und lateinamerikanischen Katholiken kann man dieses ausgeprägte *Ehrgefühl* in bezug auf weibliche Familienangehörige beobachten. Solche Verhaltensweisen sind das Ergebnis von übertriebenen patriarchalischen Gesellschaftsstrukturen, die mit unterschiedlicher Akzentuierung in vielen Kulturen anzutreffen sind.

Nicht zuletzt spielt der Stadt-Land-Konflikt eine große Rolle. Während sich die Rechte einer aufgeklärten muslimischen Städterin mit der einer christlich europäischen Frau vergleichen lassen, sind auf dem Land noch immer die alten Gebräuche, Rechtsauffassungen und die patriarchalischen Strukturen der Großfamilie gegenwärtig. Das gilt auch besonders für die nach Deutschland kommenden Türkinnen, die den Kulturschock daher besonders intensiv erleben.

Aus: Monika Tworuschka, Islam. Vandenhoeck & Ruprecht, Göttingen 1982, S. 53–59

Aufgaben zu Teil V,5: Die islamische Ethik

- ▷ Fassen Sie das über die Grundpflichten des Islam Gesagte zusammen und erörtern Sie die unterschiedliche ethische Relevanz dieser „Pfeiler“ des Islam.
- ▷ Vergleichen Sie die religiös-ethischen Gebote des Islam (S. 67) mit den Laien- und Mönchsgeboten im Buddhismus (S. 56 ff.) und mit dem mosaischen Dekalog (S. 79).
- ▷ Der Koran lehrt den absoluten Respekt vor dem Leben, schreibt aber doch auch den „Kampf auf Leben und Tod“ gegen die Ungläubigen (siehe S. 70) und die Blutrache bei Mord und Totschlag (siehe S. 72) vor. Versuchen Sie eine Erklärung dieses für uns heute nicht mehr ohne weiteres verständlichen Widerspruchs aus dem Denken und Empfinden der damaligen Zeit heraus.
- ▷ Die Scharia ist in jüngster Vergangenheit in einigen islamischen Staaten wieder eingeführt worden. Was ist die Scharia? Warum wehren sich sowohl viele modern denkende Mohammedaner als auch die nichtislamischen Einwohner dieser Staaten vehement gegen die Wiedereinführung der Scharia?
- ▷ Was sprach zu Mohammeds Zeiten für die Aufrechterhaltung einer begrenzten Polygamie? Was spricht heute alles gegen sie?
- ▷ Bereits im Koran wird der Mann unmißverständlich der Frau vorgeordnet. Zählen Sie aus dem gegebenen Textmaterial heraus Momente der sozialen Benachteiligung der Frau im Islam auf und vergleichen Sie die Situation der Frau in dieser Religion mit der durchaus ähnlich abgeschwächten Position, die der Frau im Konfuzianismus und Hinduismus zugestanden wird. Wie sah und wie sieht es mit der gesellschaftlichen Stellung der Frau im christlich-abendländischen Bereich aus?

6. Jüdische Ethik

Gustav Mensching: **Die israelitische Religion – Die Religion des Gesetzesgehorsams**

Wenn wir des beschränkten Raumes wegen auch nicht in der Lage sind, die mannigfachen geschichtlichen Wandlungen darzustellen, die die israelitische Religion durchgemacht hat, so sei doch kurz darauf hingewiesen, daß an den Anfängen der israelitischen Religionsgeschichte vielerlei Kulte primitiv religiöser Art standen, die noch in der geschichtlichen Religion Israels, wie sie sich im Alten Testament niedergeschlagen hat, nachwirken. Da ist noch die Rede von krafthaltigen Gegenständen, von der Beseeltheit insbesondere des Blutes, da wird uns berichtet von allerlei vormosaischen Kulten der Bäume, Quellen, Gestirne und Steine. Auch Spuren eines frühen Totemismus sind noch vorhanden. Häufig ist von Tierdämonen, von Feldgeistern und satyrartigen Wesen in Schlangengestalt die Rede. Auch Toten- und Ahnenkult wurden in früher Zeit gepflegt. Die Religionsstiftung durch Mose bedeutete, daß ein bis dahin von einzelnen semitischen Nomadenstämmen verehrter Gott Jahve zum Gott einer größeren Zahl von Stämmen gemacht wurde, die dadurch unter dem einen Gott zu einem Volke zusammenwuchsen. Es entstand also eine echte Volksreligion mit allen Strukturmomenten dieses Religionstypus. Das religionsgeschichtlich Neue ist nun, daß das Verhältnis des Gottes Jahve zu seinem Volke Israel als Bund aufgefaßt und im Laufe der weiteren Geschichte in sehr verschiedener Weise interpretiert wurde. Jahve ist Israels Gott, andere Völker aber haben andere Götter. Das geschichtliche Faktum, auf das sich die Gewißheit dieses Bundesverhältnisses gründet, ist die Heilstat der Befreiung einzelner Stämme aus Ägypten durch Jahve. In besonderer, den Geist dieser Religion vor anderen auszeichnender Weise ist der Volksgott in der Geschichte seines Volkes am Werke. Jahve ist und bleibt ein Gott der Geschichte des durch Bundesschluß ihm zugehörigen und in diesem Sinne „auserwählten" Volkes.

Die Verfassung dieses Bundesverhältnisses zwischen Israel und seinem Gott ist *das Gesetz,* in dem Jahve seinen Willen manifestiert hat. Neben der Offenbarung Jahves in Natur und Geschichte steht alles überragend das Gesetz, in dem der Wille Jahves Gestalt gewonnen hat. Dieses sittliche und kultische Gesetz ist es nun auch, das den Geist der israelitischen Religion durch alle Phasen ihrer weiteren Umgestaltung entscheidend bestimmt. Die Beziehung zu Gott ist Gehorsam gegenüber dem Gesetz. Die wachsende Gefahr dieser Religion liegt daher auch darin, das Gesetz sich in steigendem Maße verselbständigt, so daß Jahve selbst immer mehr hinter seinem Gesetz zurücktritt. Außerdem aber zeigt das Gesetz die Tendenz, selbständig von den Menschen weiterentwickelt zu werden und zu einem unübersehbaren Gewirr bindender Verpflichtungen zu werden, die äußerlich absolviert werden können ohne Beteiligung des Herzens. Auf diese Weise wird die Religion Israels immer mehr zu einer rein äußerlichen Dienstleistung, für die der auf diese Weise „Gerechte" göttlichen Lohn glaubt mit Sicherheit beanspruchen zu können. Damit ist ein Stadium in der israelitischen Religionsgeschichte gekennzeichet, das das Hervortreten der großen Propheten verständlich macht. Unmittelbar und spontan von Jahve berufen und in seinen Dienst gestellt, treten sie mit dem Protest auf gegen den Abfall des Volkes von Jahve, der ihnen

gerade in der kultischen und nationalen Sicherheit zu liegen scheint, in der das Volk meint, Jahves Bundeshilfe sicher sein zu düfen, wenn es die äußeren Kultverpflichtungen gewissenhaft erfüllt. „Sie schreien ja nicht von Herzen zu mir, wenn sie auf ihren Betplätzen heulen", sagt Jahve durch den Mund des Propheten Hosea (Hosea, 7, 14). So erfolgt hier also eine neue Interpretation des Bundesverhältnisses zu Jahve: auf die innere Haltung kommt es an, nicht auf die äußere Gesetzeserfüllung. Jahve kann sein Volk verwerfen, er wird es strafen für seinen Abfall, sofern es sich nicht innerlich wieder zu Gott wendet.
Aber auch diese prophetische Verkündigung wird wieder zum Gesetz. Um 622 v. Chr. vollzog König Josia eine Kultreform, die zwar auf der prophetischen Bewegung fußte, die aber tatsächlich eine Festlegung der Religion auf ein Bekenntnis- und Gesetzbuch, das sogenannte Deuteronomium (= 5. Buch Mose), war. Israels Religion wird damit in nachexilischer Zeit endgültig zu einer Buch- und Gesetzesreligion. Der Besitz dieses Gesetzes unterscheidet nach israelitischem Glauben Israel von den übrigen Völkern. Damit ist der Grundzug der israelitischen Religion verewigt, gegen den die Propheten mit ihrer persönlichen und unmittelbaren Religion protestiert hatten. Der Geist des Prophetismus war damit wieder überwunden und nur einzelne von den Propheten ausgesprochene Postulate hatten gesetzliche Verbindlichkeit gewonnen. Die israelitische Religion ist ihrer Lebensmitte nach die Religion des Gehorsams gegenüber dem im Gesetz fixierten Willen ihres Gottes Jahve.

Aus: Gustav Mensching, Die Religion. Schwab Verlag, Stuttgart 1959, S. 48–50

Jüdische Gläubige an der Klagemauer in Jerusalem

Die zehn Gebote

(Der mosaische Dekalog)

1 Und Gott redete alle diese Worte und sprach:
2 Ich bin der Herr, dein Gott, der ich dich aus dem Lande Aegypten, aus dem Skla-
venhause, herausgeführt hat; 3 du sollst keine andern Götter neben mir haben.
4 Du sollst dir kein Gottesbild machen, keinerlei Abbild, weder dessen, was oben
im Himmel, noch dessen, was unten auf Erden, noch dessen, was in den Wassern
unter der Erde ist; 5 du sollst sie nicht anbeten und ihnen nicht dienen; denn ich,
der Herr, dein Gott, bin ein eifersüchtiger Gott, der die Schuld der Väter heim-
sucht bis ins dritte und vierte Geschlecht an den Kindern derer, die mich
hassen, 6 der aber Gnade übt bis ins tausendste Geschlecht an den Kindern derer,
die mich lieben und meine Gebote halten.
7 Du sollst den Namen des Herrn, deines Gottes, nicht mißbrauchen; denn der
Herr wird den nicht ungestraft lassen, der seinen Namen mißbraucht.
8 Gedenke des Sabbattages, daß du ihn heilig haltest. 9 Sechs Tage sollst du
arbeiten und all dein Werk tun; 10 aber der siebente Tag ist ein Ruhetag, dem
Herrn, deinem Gott, geweiht. Da sollst du keine Arbeit tun, weder du noch dein
Sohn, noch deine Tochter, noch dein Sklave, noch deine Sklavin, noch dein Vieh,
noch der Fremdling, der innerhalb deiner Tore ist. 11 Denn in sechs Tagen hat der
Herr Himmel und Erde gemacht und das Meer und alles, was in ihnen ist, und er
ruhte am siebenten Tage; darum segnete der Herr den Sabbattag und heiligte ihn.
12 Ehre deinen Vater und deine Mutter, auf daß du lange lebest in dem Lande, das
der Herr, dein Gott, dir geben will.
13 Du sollst nicht töten.
14 Du sollst nicht ehebrechen.
15 Du sollst nicht stehlen.
16 Du sollst nicht falsches Zeugnis reden wider deinen Nächsten.
17 Du sollst nicht begehren nach dem Hause deines Nächsten; du sollst nicht
begehren nach dem Weibe deines Nächsten, nach seinem Sklaven oder seiner
Sklavin, nach seinem Rinde oder seinem Esel, nach irgend etwas, was dein Näch-
ster hat.

Aus: Die Bibel, Altes Testament, 2. Mose 20, 1–17. Zwingli-Bibel-Verlag, Zürich 1970, S. 79

Helmer Ringgren: **[Die göttlichen Gebote]**

Prägnante Formulierungen der göttlichen Forderungen liegen vor allem im sog. *apodiktischen Recht* vor. Unter den Gesetzen des Pentateuchs finden sich nämlich zwei Grundformen von Rechtsatzungen. Die eine ist apodiktisch; hier heißt es kategorisch: „Du sollst ...“ oder „Du sollst nicht ...“, offenbar, weil diese Gebote als Gottesrede gedacht sind und ohne weiteres mit göttlicher Autorität an den Menschen herantreten. Wahrscheinlich hießen diese Gebote ursprünglich *tōrāh,* (göttliche) Weisung. Die andere Grundform ist *kasuistisch* oder konditional; hier heißt es: „Wenn ein Mann (ein gewisses Verbrechen begeht), so soll er (so oder so behandelt werden)“, oder: „Wer so oder so tut, soll ...“ Die letztere Form hat Israel mit den anderen altorientalischen (sumerischen, akkadischen, hethitischen) Gesetzen gemeinsam, während das apodiktische Recht gar nicht oder wenigstens sehr selten außerhalb Israels vorkommt.
Die apodiktischen Gesetze sind naturge-

mäß Sakralgesetze, d. h. Gesetze, die an den Heiligtümern mit göttlicher Autorität verkündet wurden und deshalb eigentlich keine Begründung brauchten. Sie waren Gebote Gottes, und über Gottes Gebote diskutiert man nicht.
Es gibt im Alten Testament mehrere Reihen von apodiktischen Geboten, die eine gute Vorstellung von der ethischen Seite der israelitischen Religion vermitteln. Im sog. *kultischen Dekalog* (Zehngebot), Ex. 34, 14–26, finden sich vornehmlich kultische Vorschriften: Verbot der Anbetung anderer Götter, Verbot des Bilderdienstes, Vorschriften über Feste und Opfer. Im sog. *sexuellen Dodekalog* (Zwölfgebot), Deut. 27, 15–26, haben wir es mit einer Sammlung von zwölf Fluchworten in bezug auf ethische, vor allem sexuelle Sünden zu tun: Verflucht sei ein Mann, der ein Gottesbild macht, der seine Eltern verachtet, der einen Grenzstein versetzt, der einen Blinden irreführt, der das Recht des Vaterlosen und der Witwe verletzt, der gewissen sexuellen Verirrungen sich hingibt usw. Auch hier handelt es sich um eine alte Form des sakralen Rechts, die in (magisch wirksamen) Fluchworten zum Ausdruck kommt. Bemerkenswert ist die Mischung von religiösen, ethischen und rituellen Vorschriften.
Vor allem muß hier aber des sog. mosaischen *Dekalogs* gedacht werden. Dieser liegt in zwei voneinander etwas abweichenden Rezensionen, Ex. 20 und Deut. 5, vor, die deutlich auf eine gemeinsame Vorlage zurückgehen. Offenbar ist der Dekalog eine altehrwürdige Formel; sein mosaischer Ursprung wird jedoch heutzutage von den meisten bestritten, da einige Einzelheiten die Verhältnisse einer seßhaften Bevölkerung voraussetzen. Es muß allerdings mit der Möglichkeit der späteren Bearbeitung einer älteren Vorlage gerechnet werden; der Kern des Dekalogs ist sicherlich sehr alt.
Der Dekalog ist offenbar im Kult entstanden und hat wahrscheinlich als Grundlage für die jährliche kultische Bundeserneuerung gedient. Schon der jetzige Kontext, in dem die beiden Versionen überliefert sind, stellt ihn mit dem Bundesschluß zusammen. Es ist bedeutsam, daß der Dekalog auf diese Weise die ethische Grundlage des Bundesverhältnisses zwischen Israel und Jahwe dokumentiert. [...]
Das erste Gebot stellt die monotheistische Grundlage der irsaelitischen Bundesreligion fest: die Existenz anderer Götter wird zwar nicht geleugnet, aber Israel soll nur Jahwe anbeten. Das Bilderverbot besagt, daß man über Jahwe nicht in Gestalt eines Bildes sozusagen verfügen kann. Das dritte Gebot schützt die Heiligkeit und Unverletzlichkeit des Gottesnamens: er darf nicht zu Magie oder anderen bösen und unwürdigen Zweck benutzt werden. Ebenso darf nach dem nächsten Gebot der dem Herrn geheiligte Sabbattag nicht profanen Zwecken dienen. Die übrigen Gebote, die das Verhältnis zwischen Menschen regeln, sind ohne weiteres verständlich. Bemerkenswert ist nur, daß auch das Trachten oder Begehren als verboten gilt. Wahrscheinlich schließt das gebrauchte Zeitwort auch „den Versuch ein, etwas unrechtmäßig an sich zu bringen". „Haus" muß im weitesten Sinne als Familie und Besitz genommen werden; ein Zusatz entwickelt diesen Begriff weiter: Frau, Dienstleute, Haustiere usw.
Nach dem zweiten Gebot ist in beiden Rezensionen ein Abschnitt eingefügt, der auf die Folgen des Einhaltens oder Nichteinhaltens der Gebote eingeht: Jahwe ist ein eifersüchtiger Gott, der die Sünde bis in die vierte Generation bestraft, aber denen „Treue hält", die ihn lieben und seine Gebote befolgen. Hier wird also die Liebe zu Gott als die Grundhaltung bezeichnet, welcher der Gehorsam gegenüber den Geboten entspringt. Ferner tritt der allgemeine Grundsatz der sog. *Kollektivhaftung* zutage: Kinder und Kindeskinder werden noch von der Strafe für die Sünden der Väter betroffen. Die Familie oder die Sippe bildet eine Einheit, innerhalb derer jeder Einzelne für die Handlungen der anderen Mitglieder verantwortlich ist. Demgemäß haben nicht nur Kinder für die Sünden der Väter einzustehen, sondern auch Mitglieder einer Sippe, ja sogar Einwohner einer Stadt oder des ganzen Lan-

des teilen diese Verantwortlichkeit. Wenn in einer Stadt ein Mord begangen worden ist und der Mörder nicht bekannt wird, haftet an der ganzen Ortschaft eine Schuld, die gesühnt werden muß (Deut. 21, 1-9). Die Sünde des Königs bringt Unglück über das ganze Land (2. Sam. 24). Aber auch das Vorhandensein einer kleinen Anzahl von Gerechten kann eine ganze Stadt retten, wie in der Erzählung von Abrahams Fürbitte für Sodom (Gen. 18, 23-33) vorausgesetzt wird.

Diese Idee der Kollektivhaftung ist eine Frucht der israelitischen Stammessolidarität und darf nicht dahingehend vereinfacht werden, daß eine individuelle Verantwortlichkeit unbekannt gewesen oder der Einzelne seiner Individualität beraubt worden sei.

Aus: Helmer Ringgren, Israelitische Religion. Kohlhammer Verlag, Stuttgart 1963, S. 121-123

Helmer Ringgren: **Sünde, ethisches Handeln und ihre Folgen**

Jeder Verstoß gegen die Gebote ist *Sünde.* Für diesen Begriff besitzt das Hebräische mehrere Wörter, von denen jedes eine Seite der israelitischen Sündenauffassung widerspiegelt. Das häufigste Wort für Sünde, *ḥaṭṭāt* oder *ḥeṭ',* ist von einem Wortstamm abgeleitet, der eigentlich „verfehlen" bedeutet. Das Zeitwort kommt in diesem ursprünglichen Sinngehalt noch im Alten Testament vor (Hiob 5, 24; Spr. 8, 25 f.). Danach wäre die Sünde also eine Verfehlung oder etwas Mißlungenes. Zum Teil hat demnach Pedersen recht, wenn er die Sünde als das Leere und Haltlose, als das Produkt einer gespaltenen und chaotischen Seele erklärt. *Päša* bezeichnet die Sünde als Auflehnung und Ungehorsam gegen Gott (z. B. Hos. 8, 1: „sie lehnen sich gegen meine Weisung [*tōrāh*] auf"), während *'āwōn* ursprünglich das Krumme und Verkehrte meint, daneben aber auch die Schuld, die sich aus der Sünde ergibt. Man kann jedoch mit Recht bezweifeln, daß die Israeliten sich der ursprünglichen Distinktion zwischen diesen Wörtern bewußt waren; denn sehr oft werden zwei oder sogar alle drei Ausdrücke auf eine Weise nebeneinander gebraucht, daß sie mehr oder weniger gleichbedeutend gewesen sein müssen.

Nach allgemeiner Auffassung schildert Gen. 3 den Ursprung der Sünde. Von der Schlange verlockt, lehnen Adam und Eva sich gegen Gott auf, und essen, um, wie sie glauben, Gott gleich zu werden, von der verbotenen Frucht am Baum der Erkenntnis. Die Übertretung des göttlichen Verbotes und der Wunsch, Gott gleich zu werden, konstituieren die Sünde; der Mensch wird entsprechend bestraft: er wird aus dem Paradies vertrieben und fällt dem Tode anheim. Nun ist zwar die Schlange in dieser Erzählung nicht, wie im späteren Judentum und im Christentum, der Teufel als Repräsentant des Bösen, trotzdem aber scheint der Verfasser oder der Redakteur des Pentateuchs in dieser Erzählung irgendwie die Geschichte vom Anfang der Sünde erblickt zu haben. Das Wesen der Sünde wäre demnach etwa als der Wunsch, Gott gleich zu sein, oder als eine Auflehnung gegen den Willen Gottes zu bestimmen.

Die Genesiserzählungen berichten weiter, wie die Sünde auf der Erde immer mehr wächst: Kain tötet seinen Bruder Abel (Gen. 4), Lamech nimmt Blutrache (4, 24 f.), die Söhne Gottes haben Verkehr mit den Menschentöchtern (Gen. 6, 1-4), und schließlich muß Gott um der menschlichen Bosheit willen die Sintflut über die Erde ergehen lassen (Gen. 6, 5 ff.). Die Sünde tritt als etwas von außen Kommendes in Erscheinung, als eine objektive Größe, eine Inkarnation der gottfeindlichen Kräfte im Dasein.

[...]

Die Folge der Sünde ist Unheil. Der Sünder geht des Segens verlustig. Leiden aller Art treffen ihn. Die Beter der Klagepsalmen verstehen ihre Leiden in dem Sinne, daß Gottes Hand zur Strafe für ihre Sünden auf ihnen liegt:

„Denn meine Missetaten gehen über mein

Haupt, wie eine schwere Last erdrücken sie mich. Es riechen, es eitern meine Wunden ob meiner Torheit." (Ps. 38, 4–6)

[...]

Es waltet also nach altisraelitischer Anschauung ein unerbittlicher Zusammenhang zwischen Tun und Ergehen, der in den meisten Fällen als das Ergebnis göttlicher Vergeltung gedeutet wird:

„Denn ich, Jahwe, bin ein eifersüchtiger Gott, der die Schuld der Väter heimsucht bis ins dritte und vierte Geschlecht an den Kindern derer, die mich hassen, der aber Treue übt bis ins tausendste Geschlecht an den Kindern derer, die mich lieben und meine Geboten halten." (Ex. 20, 5 f.).

[...]

Trotzdem herrscht im großen und ganzen im Alten Testament ein freudiger Optimismus hinsichtlich der Möglichkeit des Menschen, das Gesetz zu erfüllen. „Siehe, ich habe dir heute vorgelegt Leben und Glück, Tod und Unglück", sagt Mose nach Deut. 30, 15. Das Leben wird jenen zuteil, die das Gute tun, der Tod denen, die Böses verüben. Mit keinem Wort wird angedeutet, daß der Mensch nicht imstande sei, das Gute zu tun. Er hat die freie Wahl. Die unmittelbar vorhergehenden Verse machen das noch deutlicher: „Denn dieses Gesetz, das ich dir heute gebe, ist für dich nicht zu schwer und nicht zu ferne ... sondern ganz nahe ist dir das Wort, in deinem Munde und in deinem Herzen, daß du danach tun kannst" (Deut. 30, 11.14).

[...]

Die Folgen ethischen Handelns sind bereits teilweise angedeutet worden. Schon eine so kurze Zusammenfassung der ethischen Forderungen wie der Dekalog enthält Verheißungen: „Ehre deinen Vater und deine Mutter, damit deine Tage lang seien im Land" (Ex. 20, 12). Langes Leben erscheint also als Folge des Gehorsams. Langes Leben ist ja nach alttestamentlicher Anschauung eine der größten Gaben Gottes (vgl. Ps. 34, 13; 91, 16), und ein vorzeitiger Tod ist ein großes Unglück (Ps. 55, 24; 89, 46; Jes. 38, 10). „Wer [die Gebote] hält, dem wird reicher Lohn" heißt es in einem Psalm (19, 12 b). Wenn das Deuteronomium Israel vor die Alternative des Gehorsams und des Ungehorsams stellt, bedeutet dies zugleich die Wahl zwischen Leben und Tod, zwischen Segen und Fluch (Deut. 28; 30, 15 ff.).

Die glücklichen Folgen der Gerechtigkeit sind, wie wir gesehen haben, ursprünglich schon im Wort Gerechtigkeit *(sĕdāqāh)* mit enthalten. Wir besitzen jedoch daneben eine ganze Reihe von Ausdrücken, die die segensreichen Folgen der Gerechtigkeit umschreiben. Vor allem sind zwei Worte als Bezeichnungen für ein reiches und glückliches Leben in Betracht zu ziehen: *šālōm* und *bĕrākāh.*

Šālōm wird meistens mit „Frieden" übersetzt, aber damit ist sein Inhalt bei weitem nicht ausgeschöpft. Dieser Begriff umfaßt alles, was zu einem ungestörten Leben gehört. Die Grundbedeutung ist etwa Ganzheit, Unversehrtheit, Harmonie, aber *šālōm* meint ebenfalls Heil und Glück, Sieg und Friede, es zielt auf den Zustand ungebrochener Gemeinschaft mit Gott und mit Menschen.

Bĕrākāh, „Segen", ist womöglich noch reicheren Gehaltes: es umschließt solche Begriffe wie zahlreiche Nachkommenschaft, Fruchtbarkeit, Reichtum, Sieg über Feinde und Erfolg im allgemeinen. Segen ist also keine „geistige" Größe, es handelt sich vielmehr um den ganzen Reichtum eines erfolgreichen und glücklichen Lebens. Im alten Israel kommt der Begriff des Segens dem Mana der allgemeinen Religionsgeschichte sehr nahe, wenn man den Nachdruck auf die persönliche Seite des Manabegriffs legt. *Bĕrākāh* ist also die Tüchtigkeit des Menschen, seine Fähigkeit, Erfolg zu erzielen. Dabei darf freilich nicht vergessen werden, daß „Segen" keine selbständige Größe ist, sondern daß man in ihm immer Gottes Gabe sieht. Kein Mensch hat Segen in sich selbst. Es ist Gottes Segen, der die Arbeit der Menschen erfolgreich macht (z. B. Ps. 127, 1 f.).

Aus: Helmer Ringgren, Israelitische Religion. Kohlhammer Verlag, Stuttgart 1963, S. 124–130 (Ausschnitte)

Lebenspraktische Regeln aus der Bibel

(Aus den Sprüchen Salomos)

Weigre dich nicht, dem Bedürftigen Gutes zu tun, wenn es in deiner Macht steht. Sprich nicht zum Nächsten: „Geh hin und komm wieder; morgen will ich dir geben" – da du's doch jetzt kannst.
Sinne nicht Böses wider den Nächsten, während er arglos neben dir wohnt.
Hadre nicht mit jemandem ohne Ursache, wenn er dir nichts Böses getan hat.
Beneide den nicht, der frevle Gewalt braucht, und wähle dir keinen seiner Wege; denn der Verkehrte ist dem Herrn ein Greuel, aber mit den Aufrichtigen hält er Freundschaft. *(3,27–32)*

Sechs Dinge sind es, die der Herr haßt, sieben sind seiner Seele ein Greuel: hochmütige Augen, eine falsche Zunge, Hände, die unschuldiges Blut vergießen, ein Herz, das arge Ränke schmiedet, Füsse, die eilends dem Bösen nachlaufen, wer Lügen vorbringt als falscher Zeuge, wer Händel stiftet zwischen Brüdern.
(6,16–19)

Wer die Rute spart, der haßt seinen Sohn;
wer ihn liebhat, der züchtigt ihn beizeiten.
(13,24)

Wer sich bestechen läßt, zerrüttet sein Haus;
wer Geschenke haßt, der hat Gedeihen.
(15,27)

Besser ein trocken Stück Brot mit Frieden
als ein Haus voll Opferfleisch mit Zank.
(17,1)

Halte dich nicht zu den Trunkenbolden, zu denen, die mit Prassen sich gütlich tun! Denn Säufer und Prasser geraten in Armut, und Schläfrigkeit kleidet in Lumpen.
(23,20–21)

„Noch ein bißchen schlafen, ein bißchen schlummern, ein bißchen die Hände ineinander legen im Bett" – da kommt über dich wie ein Räuber die Armut, der Mangel wie ein gewappneter Mann.
(24,33–34)

Wenn deinen Feind hungert, so speise ihn, dürstet ihn, so gib ihm zu trinken; so wirst du feurige Kohlen auf sein Haupt sammeln, und der Herr wird es dir vergelten.
(25,21–22)

Besser Tadel, der offen sich ausspricht, als Liebe, die schweigt.
(27,5)

Aus: Die Bibel, Altes Testament. Zwingli-Bibel-Verlag, Zürich 1970, S. 647 ff.

Pnina Navé: [Zur Moral des Judentums]

[Das Gebot der Achtung des Lebens]

Weil das Judentum eine Diesseitsreligion ist, betont es die Achtung vor dem Leben: es ist das höchste aller Güter und Voraussetzung für die Ziele der Ethik. Daher wird Gott „Leben der Welten" genannt und die Thora, die Fünf Bücher Moses, „Ein Baum des Lebens denen, die an ihr halten". Nicht einmal Tiere dürfen mutwillig getötet werden. Krankheit von Mensch und Tier muß sorgsam geheilt werden, wozu Juden auch im Mittelalter Naturwissenschaft und Medizin betrieben. Es gab keinen Konflikt zwischen Glauben und Wissen, weil Glauben auch die intensive Beschäftigung mit der Schöpfung ist. Die Errettung eines Lebens galt den Rabbinen soviel wie die Errettung einer ganzen Welt. Und weil die Gebote der Bibel dem Menschen gegeben sind, damit er nach ihnen lebe, aber nicht, daß er an ihnen sterbe, lehrten sie, daß der Sabbat dem Menschen verliehen sei und nicht der Mensch dem Sabbat, und die Hilfe in Todesgefahr wichtiger sei als Sabbatruhe oder andere biblische Gebote.

Die Achtung des Lebens beginnt bei der eigene Person, mit Gesetzen der Hygiene, der Ernährung, der ordentlichen Kleidung für den Mann und der besonders gepflegten und schönen Kleidung für die Frau: „Eine schöne Frau, ein schönes Haus und schönes Gerät erweitern den Sinn des Mannes." Daher kannten die Rabbinen im allgemeinen keine Askese, gewiß aber eine Abstinenz. Ihre übermäßige Anwendung wurde durch die Rechte der Ehefrau eingeschränkt. Der Mißbrauch der Frau wurde durch die Sexualhygiene unterbunden. – Die Erhaltung des Lebens beinhaltet auch Selbstverteidigung: das biblische Gebot lautet „Morde nicht". Die Übersetzung: „Du sollst nicht töten" entspricht nicht dem hebräischen Text. Während einerseits die Rabbinen üble Nachrede als Mord bezeichneten, lehrten sie andererseits: „Wenn einer dich erschlagen will, so komme ihm zuvor."

[Das Gebot der Nächstenliebe]

Nächstenliebe bedeutet Gerechtigkeit und nicht gefühlvolles Sympathisieren mit netten oder bedauernswerten Leuten. Alle Beziehungen zwischen Menschen werden durch das jüdische Lebensgesetz geregelt „Liebe deinen Nächsten, er ist wie du" (3. Buch Moses, 19, 18; ungenau übersetzt: „... wie dich selbst"). Hillel, der große Meister in der Generation vor Jesus, verdeutlichte dieses Grundgebot einem Nichtjuden, der den Inhalt des Judentums kurz erläutert haben wollte: „Liebe deinen Nächsten – was dir verhaßt ist, das tue niemandem an. Das ist die ganze Lehre, der Rest ist Erklärung. Nun gehe hin und lerne sie!" (Babylonischer Talmud, Traktat Sabbat, Blatt 31a).

Durch die Goldene Regel schuf Hillel einen gemeinsamen Nenner für alle biblischen und rabbinischen Einzelbestimmungen der Ethik. Deshalb bezeichnete Jesus dies als ein Hauptgebot; ein späterer Meister, Rabbi Akiba (Märtyrer im Jahre 135), nannte sie die Grundregel der Lehre.

[Das Gebot „Auge um Auge, Zahn um Zahn]

Es bedurfte einer antijüdischen Polemik der frühchristlichen Gemeindepredigt, um dem gesetzestreuen Rabbi Jesus von Nazareth die Behauptung zu unterstellen, es gäbe ein jüdisches Gebot, Feinde zu hassen. Das Unheil, das mit solchen polemischen Diffamierungen entstand, führte durch 1600 Jahre staatsreligiösen Christentums zu immer neuen Judenmorden.

Heute spricht man vielleicht weniger von Juden als Menschenhassern und Gottesmördern. Das bedeutet noch nicht ein anderes Bewußtsein dieser alt-eingeprägten Denkart bei Christen aller Denominationen. Statt dessen findet sich häufig das Zitat „Auge um Auge". Da es auch eine Ethik der Sprache gibt, gehen wir diesem angeblichen Musterbeispiel für das böse jüdische Gesetz nach. Vielleicht verdeutlicht es, wie schädlich die Übernahme haßgeprägter Einbildungen ist. „Auge um Auge" wird gern von Christen abgewertet. Sie sollten es besser wissen, denn ihr Meister hat sie verpflichtet, daß ihre Gerechtigkeit die der Schriftgelehrten und Pharisäer übertreffen müsse, und daß alle Gesetze erfüllt werden sollen.

Es handelt sich um einen Grundsatz des biblischen Rechts, der die übliche Blutrache des Orients verhinderte. Dabei ging es um folgende Fälle: Körperverletzung zwischen Gleichgestellten (3. B. Moses 24, 19–21), Verursachung einer Fehlgeburt infolge einer Schlägerei (2. B. Moses 21, 22–25), sowie Verletzung oder Tötung eines Sklaven (dort). Der als Ehemann, Herr oder selbst Betroffene muß einen solchen Fall vor Gericht bringen und darf sich keineswegs selbst „zur Vergeltung" verhelfen. Wenn ein Dienstherr seinem Diener oder seiner Magd einen Körperschaden zufügte, mußte er sie freilassen (2. B. Moses 21, 25–26). Ferner betrifft dieses sogenannte Talionsgesetz lügenhafte Ankläger, die entsprechend dem Schaden bestraft werden, den sie dem Angeklagten böswillig zufügen wollten (5. B. Moses 19, 15–21). In diesen Fällen findet sich die „Auge um Auge"-Formel. Da die Juden keine Fundamentalisten sind, sondern nach der Mündlichen Lehre handeln, müssen wir untersuchen, wie die Rabbinen dieses Strafprinzip verstehen und handhaben. Das finden wir im Babylonischen Talmud, Traktat Baba Kama, Blatt 84a: „‚Auge um Auge' – das ist die Entschädigung für den Wert eines Auges." So, und nur so, verstehen Juden seit mehr als 2000 Jahren die Wiedergutmachung für Körperschäden! Was hingegen Mord oder Totschlag anbelangt, wurden in biblischer Zeit Asylstädte bestimmt, wohin Mörder vor dem Zugriff der Bluträcher fliehen konnten. Das Gericht mochte sie dann den Umständen gemäß verurteilen. Die biblischen Todesstrafen wurden übrigens im rabbinischen Recht so erschwert, daß ein Gerichtshof, der einmal in Jahrzehnten eine Todesstrafe aussprach, als „mörderisch" galt.

Aus: Pnina Navé, Die Bedeutung der Moral des Judentums für die Welt. In: Rolf Italiaander (Hrsg.), Moral – wozu? Delp Verlag, München 1972, S. 68, 69 und 70/71

Johann Maier: **Individuelle Frömmigkeit und kollektive Verantwortlichkeit in der jüdischen Religion**

Gemäß der aufgezeigten Grundstruktur der religiösen Vorstellungswelt lebt der Einzelne seine Frömmigkeit in erster Linie im Zusammenhang des kollektiven Erwählungsauftrages und erhofft auch sein persönliches Heil in erster Linie in der verheißenen heilsgeschichtlichen Erfüllung. Gerade die kollektive Verantwortlichkeit verleiht dabei der individuellen Frömmigkeit ihr besonderes Gewicht. Sie bedingt auch zugleich ein hohes Maß an innerjüdischer Solidarität wie die Schärfe in innerjüdischen Auseinandersetzungen um die richtige Interpretation und die rechte Erfüllung des Erwählungsauftrages. Religion bzw. Gehorsam oder Sünde können nicht als Privatsache gelten. Der abtrünnige Jude mag praktisch aus der Gottesvolksgemeinschaft ausscheiden, grundsätzlich bleibt der Auftrag auch für ihn gültig und seine Sünde wird als Beeinträchtigung der heilsgeschichtlichen Verwirklichung und als Entweihung der göttlichen Ehre in den Augen der Nichtjuden gewertet. Daher hat auch die Umkehr, die Buße *(t^{e}šûbāh)* und die Vergebung bzw. Versöhnung des Sünders aus Israel mehr als nur individuelle Heilsbedeutung. In doppelter Hinsicht weisen Sünde und Gehorsam also über das Interesse des Einzelnen hinaus. Einmal unmittelbar heilsgeschichtlich, weil der Gehorsam der Einzelnen ja die Verwirklichung des kollektiven Auftrages verbürgt und schließlich zum Heil der Welt beiträgt. Zum anderen im ständigen status confessionis, in dem der Jude als Bekenner des Einen wahren Gottes durch sein Verhalten *qiddûš haš-sem̆,* die „Heiligung des Namens (Gottes)“ – im Extremfall durch Martyrium – oder *ḥillûl haŝ-ŝem,* „Entweihung des Namens (Gottes)“ in den Augen der Umwelt vollzieht. Wie sich daraus die Verpflichtung zu genauester Beachtung der göttlichen Verbote und Gebote gerade auch in uneinsichtigen rituellen Belangen ergibt, so auch die außergewöhnliche religiöse Bedeutung des zwischenmenschlichen Verhaltens bzw. der Ethik.

Aus: Johann Maier, Geschichte der jüdischen Religion. Verlag de Gruyter, Berlin 1972, S. 184 f.

Aufgaben zu Teil V,6: Die jüdische Ethik

▷ Referieren Sie in Kurzform die Zehn Gebote des sogenannten mosaischen Dekalogs.

▷ Nennen Sie die wesentlichen Unterschiede zwischen dem sogenannten kultischen Dekalog (2. Moses, 34,14–26), dem sogenannten sexuellen Dodekalog (5. Moses, 27,15–26) und dem sogenannten mosaischen Dekalog (2. Moses, 20,1–17).

▷ Erläutern Sie anhand einer Durchsicht des gesamten in Kapitel V zusammengetragenen Materials die Verwendung des Begriffs Sünde in Konfuzianismus, Hinduismus, Buddhismus, Islam, Judentum und Christentum. Welche Folgen werden in den genannten Religionen im einzelnen mit dem sündhaften Tun verknüpft, welche Möglichkeiten der Befreiung von diesen Folgen („Vergebung der Sünden“) werden zugestanden?

▷ Vergleichen Sie die lebenspraktischen Regeln aus den Sprüchen Salomons mit den ethischen Grundsätzen der Guarasug'wä in Ostbolivien (S. 33), den Moralsprüchen der Batak auf Sumatra (S. 34), den altindischen Moralsprüchen und Lebensregeln (S. 45) und den Moralsprüchen aus dem buddhistischen Dhammapada (S. 59).

▷ Das Gebot „Auge um Auge, Zahn um Zahn“ wird von der jüdischen Theologin Pnina Navé als Sublimierung und Ethisierung des vorherigen ungeregelten Brauchs der Blutrache interpretiert. Auch im Koran werden für den Totschlag neue Formen der Vergeltung gelehrt. Erläutern Sie den Brauch der Blutrache in Judentum und Islam und vergleichen Sie die unterschiedlichen Formen seiner ethischen Überformung in diesen beiden Religionen.

▷ Was heißt Kollektivhaftung? Untersuchen Sie diese Idee in Judentum und Islam.

7. Christliche Ethik

Gustav Mensching: **Das Christentum – Die Religion der Gotteskindschaft und der Liebe**

Der lebendige Ausgangs- und Mittelpunkt des Christentums ist Jesus. Es ist sachlich also falsch, die Eigenart des Christentums in allerlei Lehren über Gott und Welt oder in angeblich neu vom Christentum aufgestellten moralischen Forderungen zu sehen. Gerade für alle diese mehr sekundären Dinge läßt sich nicht selten zeigen, daß sie durchaus nicht einmalig sind, sondern zu den typischen Ausdrucksformen auch der außerchristlichen Religionswelt gehören. [...]
Es bestand, deutlich erkennbar in den neutestamentlichen Dokumenten des Jünger- und Gemeindeglaubens, eine einzigartige Beziehung zu diesem Jesus, in dem der Jünger Gott selbst begegnete. Diese Beziehung war, allgemein gesprochen, die des religiösen „Meisters" zu seinen „Jüngern". Sie läuft primär nicht über Verstand und Willen und vermittelt daher zunächst nicht Lehre und Gebot, sondern ist eine Beziehung von Wesen zu Wesen. In ihr fühlt sich das ganze Wesen und Sein des Jüngers von Gott selbst angesprochen und erfaßt. In Wort und Wandel des Meisters erfolgt dieser geheimnisvolle Kontakt, von dem der Jünger spontan bekennt: „Wir haben geglaubt und erkannt, daß du bist Christus, der Sohn des lebendigen Gottes" (Joh. 6, 69).
Fragen wir aber nach dem Inhalt dieser Beziehung, so ist darauf zu antworten, daß in der Beziehung zu Christus eine eigentümliche Gotteserfahrung aufleuchtet. War der Gott des Alten Testaments ein Gott des dunklen, dämonischen Willens und sittlicher Hoheit, demgegenüber der Mensch seine eigene Nichtigkeit und Straffälligkeit erlebte, so erfährt der Jünger Jesu durch ihn Gott als „Vater". Über die Vateridee in bezug auf Gott läßt sich religionsgeschichtlich manches sagen. Auch hier ist es so, daß man sich hüten muß, in der Anwendung des Begriffes Vater auf Gott bereits Wesen und Eigenart der christlichen Gotteserfahrung zu sehen. Das gibt es auch sonst in außerchristlicher Religionswelt. Worauf es vielmehr ankommt, ist nicht der Begriff, sondern sein Inhalt an Erfahrung, der an ihm „begriffen" ist. Diese lebendige Erfahrung läßt sich andeutungweise so beschreiben: der mit Christus und durch ihn mit Gott in Berührung kommende Mensch macht zunächst die erschütternde Erfahrung, die Petrus z. B. in den Worten aussprach:
„Herr, gehe von mir hinaus, denn ich bin ein sündiger Mensch" (Luk. 5, 8).
Dieses Wort aber ist nicht die Antwort auf eine Strafrede Jesu, in der er den Menschen ihre konkreten Sünden vorgehalten hätte, sondern – und das ist für eine richtige Erfassung christlicher Sündenidee entscheidend – dieses Wort ist der spontane Ausdruck einer eigentümlichen Gotteserfahrung. Sünde ist nämlich hier im Christentum primär keineswegs eine moralische Angelegenheit, sondern eine Sache des Seins, der Wesenshaltung Gott selbst gegenüber. Sünde heißt Isolierung und Selbstbehauptung vor Gott, heißt *ausschließliches,* nämlich Gott ausschließendes Vertrauen in die eigenen Kräfte, die alle auf das eigene Ich dienend gerichtet sind. Gottesferne wird hier erlebt als Schuld gegen Gott und als absolute Verlorenheit. Die eindrucksvollste und erschöpfendste Darstellung dieser Situation bietet das Gleichnis vom verlorenen Sohn (Luk. 15).

Innerhalb der christlichen Erfahrungswelt ist es nun so, daß jene *existenzielle Verlorenheit* ihren symptomatischen Ausdruck in der sündhaften Tat findet, an der das „Sündhafte" auch nicht in erster Linie die Normwidrigkeit der Handlung ist, sondern die darin sich dokumentierende Gottesferne. Das entscheidende Anliegen des Christen ist demzufolge, mit Gott in ein rechtes Verhältnis zu Gott zu kommen. Der Gott Jesu Christi ist nun aber ein *Sünder suchender Heilandgott,* ein gnädiger Gott, der durch Christus den Menschen nahekommt und durch Verbindung mit diesem Christus, ohne Rücksicht auf ihre sündhafte Lebenswirklichkeit, Menschen aus jener verlorenen Ferne und Isoliertheit rettet. Mit Christus verbunden sein, heißt in die Lebenswirklichkeit Gottes erhoben sein und aus dieser Wirklichkeit nun in einem neuen Sinne *leben.* Worauf also alles ankommt, ist, aus der Vereinzelung und Getrenntheit herauszukommen und in die *Gemeinschaft* mit Gott zu gelangen.
Hier tauchen einige neue Ideen auf: Glaube, Nachfolge und Gemeinschaft. Die erstrebte Verbindung stellt der Glaube an Christus her. Kein Wort der neutestamentlichen Begriffswelt ist so sehr mißverstanden worden wie das Wort Glaube. Man hat es mit Fürwahrhalten gleichgesetzt und darin eine intellektuelle Zustimmung zu allerlei Dogmen gesehen. Glaube aber ist vertrauendes und wesenhaftes Ergreifen des personalen Kernes der Persönlichkeit Jesu. Wir Menschen haben nämlich die seltsame Fähigkeit, den Kern unseres eigenen Wesens zu transzendieren und uns innigst dem Kern eines anderen Menschenwesens zu verbinden, so sehr, daß wir hinfort nicht etwa des anderen Menschen Handlungen nachahmen, sondern in freier Entscheidung aus derselben Wesensmitte wie jener andere Mensch handeln, wie er gehandelt haben würde in derselben Lage. Da nun aber in Christus der entscheidende Mittelpunkt seine Einheit und Verbundenheit mit Gott ist, so bedeutet jene vertrauende Verbundenheit: aus göttlichen Kräften leben, aus einem neuen Mittelpunkte heraus handeln, nicht mehr aus der Ich-Gerichtetheit unserer Kräfte, sondern aus der wesentlichen Gott-Bezogenheit unseres ganzen Seins. Das bedeutet zugleich die im Sinne äußerer Nachahmung der Lebensumstände Jesu mißverstandene „Nachfolge". Worauf es in der Nachfolge ankommt, ist das Erfassen des Lebenskernes Jesu in so unmittelbarer Weise, daß sich seine Kräfte in dem jeweiligen Alltagsleben auswirken. In dieser Nachfolge ist nach christlicher Überzeugung Christus gegenwärtig.
Mit dieser „metanoia" ist eine völlige Neuschöpfung, eine nova vita erreicht. Dieses *Leben* aber vollzieht sich nun nicht nur in der einsamen Begegnung mit Gott, sondern in der lebendigen Gemeinschaft mit den Brüdern. Jesus verkündete die Nähe des Reiches Gottes. Das Bewußtsein des Hereinbruches dieses geheimnisvoll überweltlichen Gottesreiches erfüllt Jesu Denken und das der frühen Christenheit. In der zeitgeschichtlich bedingten Form der eschatologischen Erwartung liegt indessen die überzeitlich gültige Erfahrung der Unbedingtheit Gottes und seines Anspruches, vor dem alle weltlichen Werte und Bindungen genau so unwesentlich werden wie angesichts eines unmittelbar bevorstehenden Weltendes. Das Reich ist die von Gotteskräften gestaltete Lebens- und Weltwirklichkeit, die einst durch Gott vollendet wird am Ende der Tage, das man bald erwartete. [...] Die vom Christentum verkündete und hergestellte Bindung an Gott und die damit gegebene Verlegung des Schwerpunktes auf diese Beziehung schließt Wertschätzung weltlicher Werte keineswegs aus, sondern ein als notwendige Folge jener Bindung. Damit enden wir bei der Idee des „guten Werkes". Nicht

Weltflucht predigt das Christentum, sondern aus Gottesbindung heraus dienende, schaffende *Liebe* gegenüber den mannigfachen Werten dieser gottgeschaffenen Welt und ihrer Ordnungen. [...]
Angesichts der Fülle religiöser Höchstwerte, die im Christentum, wie gezeigt wurde, erlebt und verwirklicht werden, ist es nicht leicht, eine formelhafte Charakterisierung des Christentums zu finden. Van der Leeuw schlägt in seiner Phänomenologie „Religion der Liebe" vor. Es will uns aber scheinen, als sei dieser Begriff einerseits allzu abgenutzt, um noch ohne Interpretation verstanden zu werden in dem eigentümlich christlichen Sinne, und als sei damit zwar ein wichtiger Faktor, aber nicht das eigentliche innerste Lebenszentrum des Christentums getroffen. Ich möchte statt dessen *„Religion der Gotteskindschaft und der Liebe"* vorschlagen.

Aus: Gustav Mensching, Die Religion. Schwab Verlag, Stuttgart 1959, S. 54–59

Die Heimkehr des verlorenen Sohnes. Radierung von Rembrandt, 1636

Aus der Bergpredigt Jesu
(Aus dem Matthäus-Evangelium)

5 1 Als er aber die Volksmenge sah, stieg er auf den Berg; und als er sich gesetzt
hatte, traten seine Jünger zu ihm. 2 Und er tat seinen Mund auf, lehrte sie und
sprach:
3 Selig sind die geistlich Armen; denn ihrer ist das Reich der Himmel.
4 Selig sind die Trauernden; denn sie werden getröstet werden.
5 Selig sind die Sanftmütigen; denn „sie werden das Land besitzen".
6 Selig sind, die hungern und dürsten nach der Gerechtigkeit; denn sie werden
gesättigt werden.
7 Selig sind die Barmherzigen; denn sie werden Barmherzigkeit erlangen.
8 Selig sind, die reinen Herzens sind; denn sie werden Gott schauen.
9 Selig sind die Friedfertigen; denn sie werden Söhne Gottes heißen.
10 Selig sind, die um der Gerechtigkeit willen verfolgt werden; denn ihrer ist das
Reich der Himmel.
[...]
23 Wenn du nun deine Opfergabe zum Altar bringst und dort eingedenk wirst,
daß dein Bruder etwas wider dich hat, 24 so laß deine Gabe dort vor dem Altar
und geh zuerst hin und versöhne dich mit deinem Bruder, und dann komm und
bring deine Gabe dar!
[...]
27 Ihr habt gehört, daß gesagt ist: „Du sollst nicht ehebrechen." 28 Ich aber sage
euch: Jeder, der eine Ehefrau ansieht, um sie zu begehren, hat ihr gegenüber in
seinem Herzen schon Ehebruch begangen. 29 Wenn dich aber dein rechtes Auge
zur Sünde verführt, so reiß es aus und wirf es von dir; denn es ist besser für dich,
daß eins deiner Glieder verlorengeht und nicht dein ganzer Leib in die Hölle
geworfen wird. 30 Und wenn dich deine rechte Hand zur Sünde verführt, so haue
sie ab und wirf sie von dir; denn es ist besser für dich, daß eins deiner Glieder ver-
lorengeht und nicht dein ganzer Leib in die Hölle kommt.
[...]
38 Ihr habt gehört, daß gesagt ist: „Auge um Auge und Zahn um Zahn." 39 Ich
aber sage euch, daß ihr dem Bösen nicht widerstehen sollt; sondern wer dich auf
den rechten Backen schlägt, dem biete auch den andern dar, 40 und dem, der
gegen dich den Richter anruft und dir den Rock nehmen will, dem laß auch den
Mantel, 41 und wer dich nötigt, eine Meile weit zu gehen, mit dem gehe zwei!
42 Gib dem, der dich bittet, und wende dich nicht von dem ab, der von dir borgen
will!
43 Ihr habt gehört, daß gesagt ist: „Du sollst deinen Nächsten lieben" und deinen
Feind hassen. 44 Ich aber sage euch: Liebet eure Feinde und bittet für die, welche
euch verfolgen, 45 damit ihr Söhne eures Vaters in den Himmeln seid! Denn er
läßt seine Sonne aufgehen über Böse und Gute und läßt regnen über Gerechte
und Ungerechte. 46 Denn wenn ihr [nur] die liebt, die euch lieben, was habt ihr
für einen Lohn? Tun nicht auch die Zöllner dasselbe? 47 Und wenn ihr nur eure
Brüder grüßt, was tut ihr Besonderes? Tun nicht auch die Heiden dasselbe?
48 Ihr nun sollt vollkommen sein, wie eurer himmlischer Vater vollkommen ist.
[...]

6 2 Wenn du nun Almosen gibst, so laß nicht von dir her posaunen, wie die
Heuchler tun in den Synagogen und auf den Gassen, damit sie von den Leuten
gepriesen werden. Wahrlich, ich sage euch: Sie haben ihren Lohn dahin. 3 Wenn
aber du Almosen gibst, soll deine linke Hand nicht wissen, was deine rechte tut,
4 damit dein Almosen im Verborgenen sei; und dein Vater, der ins Verborgene
sieht, wird es dir vergelten.
5 Und wenn ihr betet, sollt ihr nicht sein wie die Heuchler; denn sie beten gern in
den Synagogen und wenn sie an den Ecken der Straßen stehen, um sich vor den
Leuten sehen zu lassen. Wahrlich, ich sage euch: Sie haben ihren Lohn da-
hin. 6 Du aber geh, wenn du betest, in dein Kämmerlein und schließ deine Tür
zu und bete im Verborgenen zu deinem Vater; und dein Vater, der ins Verborgene
sieht, wird es dir vergelten. [...]
9 Ihr nun sollt so beten:
Unser Vater,
der du bist in den Himmeln,
dein Name werde geheiligt.
10 Dein Reich komme.
Dein Wille geschehe
wie im Himmel, [so] auch auf Erden.
11 Gib uns heute unser tägliches Brot.
12 Und vergib uns unsre Schulden,
wie auch wir vergeben haben
unsern Schuldnern
13 Und führe uns nicht in Versuchung,
sondern erlöse uns von dem Bösen
14 Denn wenn ihr den Menschen ihre Verfehlungen vergebt, wird euer himmli-
scher Vater euch auch vergeben.
15 Wenn ihr aber den Menschen nicht vergebt, wird euer Vater eure Verfehlungen
auch nicht vergeben.
[...]
19 Sammelt euch nicht Schätze auf Erden, wo Motte und Rost [sie] zunichte
machen und wo Diebe einbrechen und stehlen!
20 Sammelt euch vielmehr Schätze im Himmel, wo weder Motte noch Rost [sie]
zunichte machen und wo Diebe nicht einbrechen und stehlen!
21 Denn wo dein Schatz ist, da wird auch dein Herz sein. [...]
24 Niemand kann zwei Herren dienen; denn entweder wird er den einen hassen
und den andern lieben, oder er wird dem einen anhangen und den andern verach-
ten. Ihr könnt nicht Gott dienen und dem Mammon.
25 Deshalb sage ich euch: Sorget euch nicht um euer Leben, was ihr essen oder
was ihr trinken sollt, noch um euren Leib, was ihr anziehen sollt! Ist nicht das
Leben mehr als die Speise und der Leib mehr als die Kleidung? 26 Sehet die Vögel
des Himmels an! Sie säen nicht und ernten nicht und sammeln nicht in Scheunen,
und euer himmlischer Vater ernährt sie [doch]. Seid ihr nicht viel mehr wert als
sie? 27 Wer aber von euch kann durch sein Sorgen zu seiner Lebenslänge eine ein-
zige Elle hinzusetzen? 28 Und warum sorgt ihr euch um die Kleidung? Betrachtet
die Lilien des Feldes, wie sie wachsen! Sie arbeiten nicht und spinnen nicht; 29 ich
sage euch aber, daß auch Salomo in all seiner Pracht nicht gekleidet war wie eine
von diesen. [...]

7 1 Richtet nicht, damit ihr nicht gerichtet werdet! 2 Denn mit welchem Gericht
ihr richtet, mit dem werdet ihr gerichtet werden, und mit welchem Maß ihr
meßt, mit dem wird euch gemessen werden. 3 Was siehst du aber den Splitter in
deines Bruders Auge, des Balkens jedoch in deinem Auge wirst du nicht gewahr?
4 Oder wie kannst du zu deinem Bruder sagen: Halt, ich will den Splitter aus dei-
nem Auge ziehen; und siehe, in deinem Auge ist der Balken? 5 Du Heuchler,
ziehe zuerst den Balken aus deinem Auge, und dann magst du zusehen, daß du
den Splitter aus deines Bruders Auge ziehst.
6 Gebet das Heilige nicht den Hunden und werfet eure Perlen nicht vor die
Schweine, damit sie nicht etwa mit ihren Füßen sie zertreten und sich umwenden
und euch zerreißen.
[...]
12 Alles nun, was ihr wollt, daß es euch die Menschen tun, das sollt auch ihr ihnen
tun; denn darin besteht das Gesetz und die Propheten.
[...]
24 Jeder nun, der diese meine Worte hört und sie tut, ist einem klugen Manne zu
vergleichen, der sein Haus auf den Felsen baute. 25 Und der Platzregen fiel und
die Wasserströme kamen und die Winde wehten und stießen an jenes Haus, und
es fiel nicht ein, denn es war auf den Felsen gegründet. 26 Und jeder, der diese
meine Worte hört und sie nicht tut, ist einem törichten Manne zu vergleichen, der
sein Haus auf den Sand baute. 27 Und der Platzregen fiel und die Wasserströme
kamen und die Winde wehten und stießen an jenes Haus, und es fiel ein, und sein
Fall war groß.
28 Und es geschah, als Jesus diese Reden beendet hatte, erstaunte die Volks-
menge über seine Lehre; 29 denn er lehrte sie wie einer, der Gewalt hat, und nicht
wie ihre Schriftgelehrten.

Aus: Die Bibel, Neues Testament. Verlag der Zwingli-Bibel, Zürich 1970, S. 9–13, Matth. 5,1–7,28

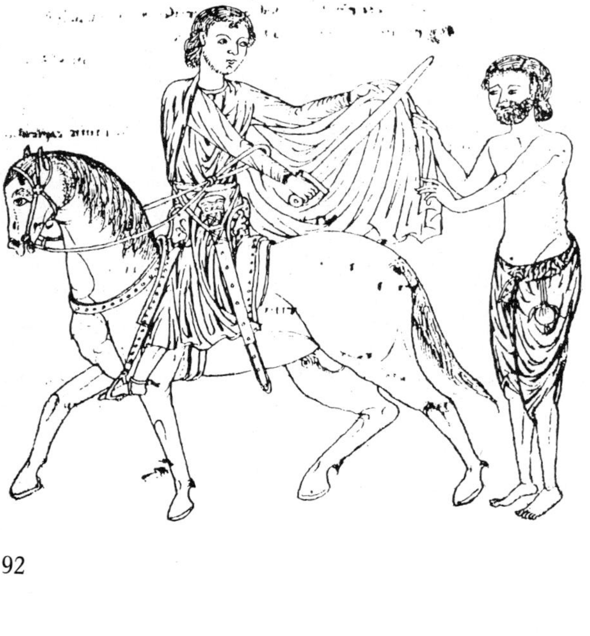

Die Tat des römischen Offiziers Martin von Tours (316–397 n. Chr.), der seinen Mantel mit einem Bettler teilte und zum Christentum übertrat, wurde zum Symbol für die christliche Solidarität mit den in Not geratenen Mitmenschen. Die Zeichnung stammt aus einer Handschrift des 12. Jahrhunderts.

Gustav Mensching: **[Das neue Ethos des Jesus von Nazareth]**

So stehen sich in Jesus und den Pharisäern[1] zwei grundsätzlich verschiedene, durchaus typische und keineswegs auf jene Zeit beschränkte Standpunkte gegenüber:
Die Pharisäer vertreten das absolut d. h. bedingungslos gültige, weil heilige von Gott selbst gegebene Gesetz, das von außen fordert, was in jedem Fall zu tun ist. Nur die äußere Tat kann befohlen werden, Gesinnung und innere Lebensbewegungen sind von einem Gesetz nicht erfaßbar, weil es innere situationsgemäße Notwendigkeiten nicht berücksichtigen kann. Deshalb muß eine starre Durchführung verlangt werden, widrigenfalls das Gesetz in seinem Kern aufgehoben wird.
Jesus dagegen vertritt den Primat der persönlichen Bindung an Gott und damit die persönliche Verantwortung vor Gott und dem an Gott gebundenen eigenen Gewissen in jeder Situation des Lebens. Das aber bedeutet die Aufhebung der starren Forderung im Vertrauen auf die reife Urteilsfähigkeit der handelnden Menschen. Darin liegt ohne Zweifel eine doppelte Gefahr: einerseits, daß die Last des Gesetzes durch die für viele Durchschnittsmenschen zu große Last der eigenen Verantwortung und Entscheidung ersetzt wird. Das meint der Großinquisitor in Dostojewskis geistvoller Legende, wenn er darauf hinweist, daß die katholische Kirche den Menschen diese untragbare Last der Verantwortung und Freiheit wieder abgenommen habe, um sie glücklich zu machen. Die andere Gefahr, die jede Botschaft der Freiheit in sich birgt, liegt darin, daß von oberflächlichen Menschen zwar die Lösung aus der gesetzlichen Bindung gern angenommen wird, daß ihr aber nicht die neue Bindung an Gott korrespondiert, sondern eine Bindung an die Willkür der Triebe und Neigungen. Das würde die Aufhebung der Sittlichkeit bedeuten. Letzten Endes führt die Erwägung der Problematik der Freiheit, die in Willkür absinken kann, zu der Frage: was soll aus der Masse, die der Freiheit nicht und nie fähig ist, werden? Jesus jedenfalls hat diese Masse offenbar nicht berücksichtigt; denn er hat höchste Ideale und Maßstäbe verkündigt und schon zeitlebens erlebt, daß viele ihn nicht verstanden. Die organisierte Kirche aber hat es ganz wesentlich mit Massen zu tun, denen gegenüber dann doch das fordernde Gesetz mehr oder minder wieder in Anwendung kam.
Grundsätzlich aber muß nun von Jesu Bedeutung für die Ethik gesagt werden: Jesus gab keine Gebote und keine neue Ethik, sondern er deutete in Gebotsform ein Ethos an, d. h. eine Haltung des Menschen in der Nähe des anbrechenden Reiches, also in der Nähe Gottes. [...]
Auf das Gebiet der Ethik angewandt ergibt sich von hier aus ein Verständnis der oft paradoxen Gebote Jesu und ihrer vielfach kritisierten Undurchführbarkeit. Nehmen wir als Beispiel etwa die Stelle Matth. 5, 21 ff.: „Ihr habt gehört, daß zu den Alten gesagt ist: Du sollst nicht töten, wer aber tötet, der soll dem Gericht verfallen sein. Ich aber sage euch: schon wer mit seinem Bruder zürnt, soll dem Gericht verfallen sein und wer sagt: Du Narr, soll dem Hohen Rat verfallen sein, und wer sagt: Du Lump, der soll dem höllischen Feuer verfallen sein." Was ist der Sinn dieser Gebote? Handelt es sich nur um eine Verschärfung der sittlichen Forderung? Sie ist ja gar nicht mehr möglich, wenn schon ein Schimpfwort mit dem Tode bestraft werden soll. So wird sichtbar, daß darin nicht der Sinn dieser Worte liegen kann. Vielmehr will Jesus mit der paradoxen Ausmalung der Strafen einen Impuls geben, ein Ethos andeuten. Das Gebot ist nur die Form, in der eine letzte Haltung angedeutet wird, nämlich die „neue Gerechtigkeit" angesichts der Nähe Gottes. Ähnlich steht es mit der von Jesus in den Mittelpunkt gerückten Feindes- und Nächstenliebe. Das Gebot der

[1] Die Pharisäer (hebräisch: „Die durch Frömmigkeit Abgesonderten") waren zur Zeit Jesu eine einflußreiche religiös-politische Gruppe im jüdischen Staat.

Feindesliebe ist oft als utopisch bezeichnet worden. Auch hier handelt es sich nicht um eine ethische Sonderleistung, sondern darum, die Größe des Liebesaffekts und die Unbedingtheit der Liebe eindrucksvoll und unmißverständlich anschaulich zu machen, indem gefordert wird, daß auch menschliche Feindschaft keine Grenze der Liebe bedeuten darf. Die konkreten Gebote sind variabel, unbedingt ist nur der Grund, aus dem gehandelt wird. Man könnte Jesus, wenn man nur auf die Einzelgebote achtet, sogar der Inkonsequenz bezichtigen. Er gibt Gebote für das Fasten und fastet selbst nicht, er lehrt das Gesetz zu beachten und bricht es z. B. in der Frage der Sabbatheiligung selbst. Hier aber gilt, was oben bereits angedeutet wurde, daß die konkrete Situation über das praktische Handeln inhaltlich entscheidet, daß aber, wie immer die Handlung auch ausfällt, stets aus letzter Verbundenheit gehandelt werden soll. Man kann diese Haltung auch unter dem von Jesus mehrfach gebrauchten Symbol des Kindes verstehen und aussprechen: „Wer das Reich Gottes nicht empfängt als ein Kind, der wird nicht hineinkommen", sagt Jesus und kennzeichnet damit die von den Menschen zu erwartende Haltung vertrauender Offenheit für Gott. Alle Gebote aber, die Jesus ausgesprochen hat und die im einzelnen zu erörtern hier nicht unsere Aufgabe ist, sollen ein *ideales Sein* anschaulich machen, das sich ergibt, wenn man in der Nähe Gottes lebt und zu leben sich bewußt ist. Es wird damit also den Geboten Jesu der Charakter neuer Gesetzlichkeit abgesprochen. Das bedeutet, daß die „Forderungen" Jesus nicht leichter, sondern schwerer werden. Sie sind eben überhaupt keine an den Willen gerichteten Gebote, sondern Richtlinien, an denen die unbedingte Haltung in der Tiefe erkennbar wird. Diese Haltung aber herzustellen, ist Sache der Gnade Gottes. Jesus hat also inhaltlich keine neuen ethischen Ideale verkündigt, wie oft angenommen wird. Sein Postulat der Liebe kannte man im Alten Testament bereits und auch außerhalb des biblischen Religionskreises. Aber alle ethischen Postulate erscheinen in einem neuen Geist. Er ist das entscheidend Neue in der Ethik Jesu.

Der Apostel Paulus hat diese Haltung Jesu aufgenommen und ausgestaltet. Auch er spricht von der Freiheit der Kinder Gottes und von der Freiheit vom Gesetz, das als Anreiz zur Sünde verstanden (Rö. 5, 20; 7, 9 ff.) und als Erzieher auf Christus gedeutet wird (Rö. 3, 20; Gal. 3, 19). Worauf es auch bei Paulus entscheidend ankommt, ist der Geist, das pneuma. Der Geist ist das Wesen des neuen Lebens, aus dem Geiste erwachsen alle Tugenden: Freude, Friede, Liebe, Geduld, Sanftmut, Freundlichkeit, Enthaltsamkeit (Gal. 5, 22; Rö. 8, 4. 13 f.; 6, 1–14). Eigentlich ist auch für Paulus keine differenzierte ethische Vorschrift nötig; denn der „Geist" leitet die Menschen und treibt diejenigen, die Kinder Gottes sind. Die praktische Erfahrung allerdings zeigt Paulus, daß bei der Masse eben doch sittliche Mißstände vorhanden waren, die des ausdrücklichen Gebotes bzw. Verbots bedurften.

Ein Wort ist noch über die Motivation des Ethos bei Paulus zu sagen. Im allgemeinen und grundsätzlich ist es, wie betont, der Geist, das neue Sein, aus dem das rechte Handeln entspringt. In der Praxis hat Paulus indessen mehrfach andere Motive angedeutet: so vor allem das Lohn-und Straf-Motiv (z. B. Rö. 13, 11; 14, 10; 2. Kor. 5, 10; 1. Kor. 3, 14). Auch in der Form der Klugheitsregel treten ethische Postulate bei Paulus auf (Gal. 5, 15). Gelegentlich wird Christus als Vorbild hingestellt und seine Nachahmung empfohlen (Phil. 2, 5 ff.). Oder es wird die Gemeinschaft und ihre Bewahrung und die Rücksicht auf die Schwachen als Motiv des Handelns angegeben (1. Kor. 8, 9). Wir sehen also, daß hier bereits der unumgänglich notwendige Prozeß einer Ausgestaltung christlicher Ethik beginnt, der sich in den christlichen Konfessionen fortsetzt.

Aus: Gustav Mensching, Gut und Böse im Glauben der Völker. Klotz Verlag, Stuttgart ²1950, S. 106–109

Gustav Mensching: **[Zur Entwicklung der Ethikvorstellungen in der christlichen Kirche]**

Zwei Pole stehen, wie wir sahen, bereits im Judentum gegeneinander: die Gesetzlichkeit der alttestamentlichen Frömmigkeit in der Heimatkirche Jesu und Jesus mit seiner Botschaft von der auch über die Gesetzesbindung den Menschen erhebenden Glaubensverbundenheit mit Gott. Dieselbe Polarität entsteht wieder neu in der neu sich bildenden christlichen Kirche: die persönliche Gnadenreligion und die Frömmigkeit der moralischen Heiligkeit. Im Bereich dieser ins Moralische verschobenen Kirchenfrömmigkeit entstehen wiederum zwei Formen: einerseits die Massenethik der immer zahlreicher werdenden und nicht durch persönliche Entscheidung zur Kirche gekommenen Scharen der religiösen Durchschnittsmenschen, andererseits aber als Protest gegen diese unvermeidliche Laxheit der Großkirche die rigorose Heiligkeit derer, die effektive Sündenfreiheit von denen fordern, die zur Kirche gehören. Geschichtlich stellen sich diese Polaritäten folgendermaßen dar: Um 180 n. Chr. ist die feste Kirchenorganisation fertig. Der monarchische Episkopat herrscht, und feste Kultsitten haben sich nach den Zeiten der freien Formbildung durchgesetzt. Die Auseinandersetzung mit den außerchristlichen Angriffen und geistigen Bewegungen verlangt eine klassische Darstellung und Verteidigung dessen, was das Christentum im Vergleich zu seinen Gegnern eigentlich sei. Das geschah durch die Apostolischen Väter (der römische Clemens, Barnabas, Hermas) und vor allem durch die Apologeten um 150 n. Chr. (Justin u. a.) In diesen Darstellungen erscheint das Christentum als „neues Gesetz", als die vollständige Offenbarung des Gotteswillens. Die Sittlichkeit trägt weithin asketischen Charakter: Fasten, Verzicht auf Fleisch- und Weingenuß, geschlechtliche Enthaltsamkeit werden gefordert. Ohne Frage zeigen sich in diesen asketischen Sittlichkeitsidealen außerchristliche, hellenistische Einflüsse. [...]

In diesen Vorstellungen vollziehen sich wichtige Wandlungen von grundsätzlicher Bedeutung. Zunächst tritt die Gnade in Christus mehr und mehr hinter dem eigenen moralischen Tun zurück. Sodann aber schwindet die bei Jesus beherrschend im Mittelpunkt stehende eschatologische Erwartung. Waren die ersten Christen ein Kreis Wartender und zwar auf das Reich Gottes Wartender, so erwartet man jetzt wieder, wie vor Jesus, Vergeltung und Lohn des eigenen Tuns. Das unbedingte Ethos Jesu wird zur Kompromißmoral.

In Tertullian (160–250 n. Chr.) begegnet uns nun wieder ein Vertreter der rigorosen Ethik im Sinne der Askese. Er faßt das Verhältnis zu Gott rechtlich auf. Schon die Titel seiner Schriften zeigen den asketisch-rigorosen Charakter seiner Lehre: „Über die Schauspiele", „Über den Götzendienst", „Über den Putz der Frauen", „Über das Benehmen der Jungfrauen", „Über die Keuschheit", „Vom Fasten", „Von der Einehe". Auch die Ehe erscheint hier nicht als gottgewollte, sondern als geduldete Einrichtung. Auch Origenes (185–254 n. Chr.) predigt eine asketische Ethik, um die in die niedere Materie eingeschlossene Seele durch fortschreitende Läuterung zu Gott empor zu führen. Schon zu Tertullians Zeiten waren die Heiligkeitsforderungen der Kirche erheblich herabgesetzt worden. Die Heiligkeit der Kirche war nicht mehr abhängig von der Heiligkeit ihrer Glieder. Sie hängt von den Heilsmitteln ab, die ihr anvertraut wurden. Damit haben wir den neuen Kirchenbegriff, von dem oben grundsätzlich gesprochen wurde: die Objektivierung der Gnade und der Heiligkeit in der objektiven Institution. Als durch Konstantin die Kirche Staatskirche wurde, strömten die Massen, nun keine Gefahr mehr fürchtend, in die Organisation ein, auch Gebildete und Reiche waren nun in erheblicher Zahl darunter. Die Folge war, daß einerseits ein Kompromiß nötig wurde zwischen den rigorosen ethischen Forderungen einerseits und Kultur, Besitz und Luxus andererseits. Während das Urchristentum in Erwartung des nahen Weltendes all diesen weltlichen Dingen gleichgültig gegenüber stand, wächst mit der zunehmenden Gewißheit, daß das Ende der Welt noch nicht kommt, und mit der Notwendigkeit, sich in dieser bestehen bleibenden Welt einrichten zu müssen, die Weltförmigkeit der Kirche. [...]

Die Reaktion gegen diese vor allem ethische Entwicklung ist das seit Ende des 3. Jahrhunderts auftauchende Mönchtum mit seinem Postulat der persönlichen Heiligkeit im Sinne rigoroser Ethik. Die Kirche löste diese Spannung zwischen dem rigorosen Ideal und dem tatsächlichen Leben der Masse und ihren ethischen Möglichkeiten durch die Lehre von der Doppelten Moral, der wir schon oben begegneten: die Mönche, die perfecti, haben eine höhere Moral als die gewöhnlichen Christen, die in der Welt leben. Damit ist die Idee der Ethik aufgehoben; denn, wenn eine Ethik relativiert, d. h. differenziert wird nach Ständen, dann ist ihre absolute Verbindlichkeit, die ihr wesensgemäß innewohnt, beseitigt. Ist – was zu beweisen wäre – eine asketische Ethik höher, weil sie größere Anstrengungen und Entsagungen fordert, dann ist sie auch für alle verbindlich, auch wenn praktisch nicht alle die Kraft zu ihrer Verwirklichung haben; denn ohne Zweifel ist das Höchste stets von allen zu erstreben.

Im abendländischen Katholizismus setzt sich die angedeutete Polarität fort. Augustin (400 n. Chr.) verbindet beide Pole miteinander: Gnade und ethisches Werk. Auf der einen Seite vertritt er einen religiösen Sündenbegriff wie Jesus und Paulus, nach dem Sünde nicht moralische Unvollkommenheit und Schwäche (wie in der Ostkirche) ist, sondern Abwendung von Gott und Selbstsucht Gott gegenüber. Erlösung aus dieser Situation der Sünde ist nur durch Gottes Gnade möglich, von der Liebe und Beharrungskraft eingeflößt wird. Aber daneben vertritt auch Augustin eine ethische Leistungsreligion mit der Tendenz auf Disziplinierung des Willens. Dogmatisch sind zwar beide Teile in Einklang gebracht; denn auch für die Werke wird eine sakramentale influxio virtutis und gratia praeveniens angenommen. Aber hier wie überall sonst, wo die Religion Massenreligion ist, ist zu beachten, daß die religiöse Praxis diese komplizierten theologischen Ideen zurücktreten läßt, weil sie der Masse unverständlich sind und ihren innersten Tendenzen widersprechen.

Auch Thomas von Aquino (1250 n. Chr.) verband beide Pole zu einer dogmatischen Einheit: er unterscheidet wieder zwischen natürlicher Moral und höherer Ethik. Unter natürlicher Moral versteht er die Gewissensmoral und die antiken Kardinaltugenden (Weisheit, Mäßigkeit, Gerechtigkeit, Tapferkeit). Diese natürliche Moral bildet den Anknüpfungspunkt für die Gnade, die die theologischen Tugenden (Glaube, Liebe, Hoffnung) eingießt. Die Caritas soll das ganze natürliche Leben normieren. Darum bildet auch Thomas eine differenzierte Kasuistik aus, die Kult und Menschenleben durch konkrete Bestimmungen ordnen und lenken soll. Dieses alles soll auf der Natur aufgebaut sein und von der Gnade vollendet werden. Es ist das Leben des normalen Christen, also des Durchschnittsmenschen mit der Durchschnittsmoral. Darüber aber kennt Thomas die höhere Ethik, und sie trägt auch bei ihm wieder asketisches Gepräge. Diese Ethik verlangt ein Tun höherer Ordnung und enthält die „evangelischen Ratschläge“, die für den Durchschnittschristen ohne Bedeutung sind. Die hier zu übende „imitatio Christi“ wird in der Verwirklichung ausgesprochen asketischer Ideale gesehen: Virginität, Entsagung, Meditation und Kontemplation bilden den status perfectionis. Von Thomas ging auch ein mönchischer Einfluß auf die Weltgeistlichkeit aus, für die jetzt das Coelibat obligatorisch wurde. Gegen die gleichwohl weit verbreitete Verweltlichung der Kirche tauchten immer wieder ethische Protestbewegungen auf in Gestalt der Katharer, der Waldenser und der durch Wiclif eingeleiteten Bewegung. Dominierend aber blieb in der katholischen Kirche die kasuistische Ethik mit ihrer ermäßigten Massenmoral und der angeblich höheren Moral der electi und perfecti.

Der protestantische Protest gegen diese Entwicklung

Machen wir uns kurz klar, worin der Sinn des protestantischen Protestes bestand und besteht. Die positive Seite liegt in dem Aufwachen ursprünglichen und unmittelbaren Lebens der Glaubensverbundenheit mit Gott. Es ist die Fortsetzung der religiösen Linie, die im AT bei den Propheten begann und von Jesus fortgeführt und unerhört vertieft wurde und die je und dann innerhalb der katholischen Kirche in mancherlei Erneuerungsbewegungen sich wieder geltend machte. Reine Gnade statt verdienstlichen Werkes und Glaube im Sinne des Vertrauens zu dem Vatergott Jesu sind die Grundthemen, die allen protestantischen Denominationen gemeinsam sind. Zugleich bedeutet dieser Protest eine Wendung gegen die vermittelnde Priesterkirche, die sich zwischen Gott und die Seele geschoben hat als eine selbstgenugsame Größe, gegen den die Werkgerechtigkeit fördernden Ablaß und die damit gegebene Veräußerlichung der Religion, gegen den die Unbedingtheit Gottes einschränkenden Kultmechanismus. Auch im Protestantismus ist die Haltung das Entscheidende, wie bei Jesus, und nicht die konkreten Einzelinhalte der sogenannten „reinen Lehre".

[...]

Aus diesen Grundintentionen der Reformation folgt nun ethisch eine Reihe wichtiger Neueinstellungen. Die Unmittelbarkeit der Gottverbundenheit ist die Quelle der Kraft des Handelns. Damit ist eine Selbständigkeit des Menschen gegenüber der sakralen Institution und ihren Geboten gegeben. Während im Katholizismus die Abhängigkeit des Menschen in allen Zonen seiner Existenz (Kultus, Lehre, Handeln) total ist, wird im Protestantismus eine relative Selbständigkeit des Menschen wiederhergestellt. Diese Selbständigkeit setzt freilich die Abhängigkeit von Gott selbst voraus, stellt auf dieser Grundlage aber den Menschen wieder vor die freie Entscheidung.

Die „guten Werke", also das ethische Handeln erscheint im Protestantismus als „Frucht des Glaubens" und der Glaube wird der „Werkmeister" (Luther), er treibt zum Dienst an den Nächsten. Das ethische Handeln, zu dem natürlich in erster Linie die Bildung der sittlichen Persönlichkeit gehört, wird so zu einer ewigen Aufgabe. Es gibt also keine perfecti; denn von jedem Christen, mag er ethisch noch so hoch stehen, gilt, daß er, mit Luther zu sprechen, simul iustus et simul peccator [zugleich ein Gerechter und ein Sünder] ist.

Eine weitere Konsequenz der reformatorischen Grundideen ist die Aufhebung jeder Art von Staffelung moralischer Verbindlichkeit d. h. die Beseitigung der Doppelten Moral. Das Gute ist einheitlich verbindlich für jedermann, und Verdienste werden auf dem Wege asketischer besonderer Leistung nicht erworben, weil der Mensch vor Gott immer, also auch in den günstigsten Fällen, ohne Verdienst ist und ein „nutzloser Knecht" (Lk. 17, 10) bleibt.

[...]

Die Werke sind also dem Christen freigestellt. In dieser Hinsicht kann man von einer Autonomie des Glaubens sprechen. Luther sagt im Sermon von den guten Werken (W. A. 6, 213):

„Dem Gerechten (das ist dem Gläubigen) ist kein Gesetz gelegt, sondern solche tuen freiwillig, was sie wissen und mögen, allein angesehen in fester Zuversicht, daß Gottes Gefallen und Huld über sie schwebt in allen Dingen. Die andern wollen solcher Freiheit mißbrauchen, sich falschlich darauf verlassen und faul werden ... Die Freiheit des Glaubens gibt nicht Urlaub zu Sünden, wird sie auch nicht decken, sondern gibt Urlaub, allerlei Werk zu tun."

[...]

Es bedarf darum keines Klosterlebens mit seiner höheren Sittlichkeit; denn das ganze Leben und alle Berufe sind in ganz gleicher Weise fähig, Gott wohlgefällig zu sein und Materie der Sittlichkeit zu werden. Prinzipiell ist die Ethik Luthers und des Protestantismus keine Materialethik; denn der Glaube ist das formal und inhaltlich bestimmende Moment. Andererseits hat Luther natürlich auch über sittliche Inhalte

im einzelnen nachgedacht und dabei die Nächstenliebe als die alles Handeln wesentlich bestimmende Haltung gekennzeichnet:
„Aus dem allen folgt der Beschluß, daß ein Christenmensch lebt nicht in ihm selbst, sondern in Christo und seinem Nächsten, in Christo durch den Glauben, im Nächsten durch die Liebe und bleibt in Gott und göttlicher Liebe." *(Freiheit eines Christenmensen, W. A. 7, 38)*
Im einzelnen ist es dann natürlich der Dekalog, in dem auch Luther die wesentlichsten Inhalte christlicher Sittlichkeit niedergelegt findet. In seinen eigenen Erklärungen zu den 10 Geboten im Großen und Kleinen Katechismus findet man die vertiefte Deutung des inhaltlichen Umfangs der alttestamentlichen Gebote.
[...]
Auch der Protestantismus wurde organisierte Kirche und unterlag daher den gleichen inneren Entwicklungsgesetzen wie die katholische Kirche, gegen die der Protestantismus zunächst protestiert hatte. Wir haben hier nicht im einzelnen auszuführen, worin die „Katholisierung" der protestantischen Kirche bestand (vgl. Mensching, Soziologie der Religion. 1947). Jedenfalls taucht immer wieder die gleiche Problematik in der Geschichte der protestantischen Kirche auf, auch, worauf es uns hier nur ankommt, im Bereich des Ethischen: gegenüber der Tatsache, daß Gute und Böse in der offiziellen Kirche vereint sind, verlangt die im Protestantismus aufkommende Täuferbewegung wieder die persönlich heilige Gemeinde, die Erwachsenentaufe (wegen der erst im Stadium des Erwachsenen möglichen eigenen Entscheidung), Abkehr von der Welt im Sinne des alten Rigorismus und Asketismus. Auch der Pietismus des 17. und 18. Jahrhunderts betonte die Pflege persönlicher Frömmigkeit gegenüber der Erstarrung der organisierten Kirche und forderte die „Bekehrung" und sittliche Heiligkeit der „Wiedergeborenen".

Aus: Gustav Mensching: Gut und Böse im Glauben der Völker. Klotz Verlag, Stuttgart ^{2}1950, S. 110–118

Christliche Ethik heute

Für viele Fragen muß eine neue Antwort gefunden werden. Christliche Ethik kann nicht mehr als festgefügtes System von Normen und Weisungen betrachtet werden. Die drei Denominationen des Christentums (Katholizismus, Protestantismus, Orthodoxie) sind im Begriff, Fragen und Antworten des öffentlichen Lebens neu zu formulieren, namentlich jene, die mit Sexualität, Familie, Erziehung und Arbeit zu tun haben. Aber auch an den Fragen, die die sozialwirtschaftliche und politische Weltordnung betreffen, können die Kirchen nicht stillschweigend vorbeigehen. Der Aufbau einer „verantwortlichen Gesellschaft", Entwicklungszusammenarbeit, Kampf gegen den Rassismus und den Militarismus usw. stehen in ihrem Programm, das immer mehr von der Welt geschrieben wird. Dies gilt nicht nur für den Weltkirchenrat, sondern auch für die römisch-katholische Kirche. Der Glaube will ja nicht eine „alte" Welt möglichst gut instand halten; die Hoffnung, die mit dem Glauben gegeben ist, ist vielmehr auf eine neue Welt des Friedens und der Gerechtigkeit ausgerichtet. Das hat nichts mit gewissen totalitären Bewegungen auseinanderstrebender Art zu tun, solange die Christen sich der Fundamente ihres Glaubens bewußt bleiben.
Natürlich sind die Christen sich darüber im klaren, daß alles, was sie tun, einen vorläufigen Charakter hat. Sie sind auf dem Weg zum Reich Gottes, sie kennen die Richtung, aber was sie unterwegs zustande bringen, ist noch nicht das Reich Gottes selbst.

Aus: Antworten – Ein Vergleich der großen Weltreligionen in Wort und Bild. Hrsg. von Jan Sperna-Weiland. Benziger Verlag, Köln 1977

Stellungnahme des Ökumenischen Rates der Kirchen zur wirtschaftlichen und sozialen Weltentwicklung

1. Wir leben in einer neuen Welt voll erregender Möglichkeiten. Zum erstenmal in der Geschichte bekommen wir die Einheit der Menschheit als eine Realität in den Blick. Zum erstenmal wissen wir, daß alle Menschen an der richtigen Nutzung der Güter der Welt teilhaben könnten. Die neuen technologischen Möglichkeiten lassen Träume Wirklichkeit werden. Da wir heute die Lage der Menschen in der ganzen Welt kennen und auch über die Mittel verfügen, gibt es keine Entschuldigung mehr. Es ist *eine* Welt, und die ungeheuren Ungleichheiten zwischen den Menschen verschiedener Nationen und verschiedener Kontinente sind so unentschuldbar wie die großen Unterschiede innerhalb von Nationen.
2. Wir leben auch in einer Welt, in der Menschen andere Menschen ausbeuten. Wir wissen um die Wirklichkeit der Sünde und das Ausmaß ihrer Macht über menschliches Wesen. Die politischen und wirtschaftlichen Strukturen stöhnen unter der Last schwerer Ungerechtigkeit, aber wir verzweifeln nicht, weil wir wissen, daß wir uns nicht in den Fängen eines blinden Schicksals befinden. In Christus ist Gott in unsere Welt mit allen ihren Strukturen hineingekommen und hat schon den Sieg über alle „Fürstentümer und Gewalten" errungen. Sein Reich kommt mit Seinem Gericht und Seiner Gnade.
3. Die überwiegende Mehrzahl der Menschen, und damit auch die Christen, sind sich ihrer Verantwortung für die notleidenden Mitglieder ihrer eigenen nationalen Gesellschaft bewußt. Doch nur wenige haben erkannt, daß wir heute in einer Welt leben, in der die notleidenden Menschen überall in der Welt unsere Nachbarn sind, für die wir verantwortlich sind. Christen wissen aus der Heiligen Schrift, daß Gott alle Menschen sich zum Bilde geschaffen hat und Christus für alle Menschen gestorben ist. Sie sollten an vorderster Front im Kampf gegen ein provinzielles, enges Gefühl der Solidarität stehen und sich dafür einsetzen, ein Bewußtsein für die Beteiligung an einer weltweiten verantwortlichen Gesellschaft mit Gerechtigkeit für alle zu schaffen.
4. Unsere Hoffnung richtet sich auf ihn, der alles neu macht. Er richtet über unsere Denk- und Aktionsstrukturen und läßt sie überholt sein. Wenn uns falsche Sicherheit im Alten und Furcht vor revolutionärem Wandel in Versuchung führen, den Status quo zu verteidigen oder ihn mit halbherzigen Maßnahmen zu flikken, werden wir schließlich alle zugrundegehen. Der Tod des Alten mag einigen schmerzlich sein, doch das Unvermögen, eine neue Weltgemeinschaft aufzubauen, kann allen den Tod bringen. In ihrem Glauben an das kommende Reich Gottes und in ihrer Suche nach seiner Gerechtigkeit sind die Christen gefordert, am Kampf von Millionen Menschen um größere soziale Gerechtigkeit und um die Weltentwicklung teilzunehmen.

Aus: Bericht der Sektion III „Wirtschaftliche und soziale Entwicklung" der vierten Vollversammlung des Ökumenischen Rates der Kirchen in Uppsala vom 4. bis 20. Juli 1968

Die Friedensbewegung der achtziger Jahre erhielt starke Impulse aus kirchlichen Kreisen. Die Fotos entstanden 1988 bei einer Sitzdemonstration vor dem Giftgaslager Fischbach der US-Army. Das obere Foto zeigt den evangelischen Theologieprofessor Helmut Gollwitzer, der hier gerade von einem Polizeibeamten fotografiert wird.

Stellungnahme der katholischen Kirche zum Wettrüsten

Die Menschen sollten überzeugt sein, daß der Rüstungswettlauf, zu dem nicht wenige Nationen ihre Zuflucht nehmen, kein sicherer Weg ist, den Frieden zu sichern, und daß das daraus sich ergebende sogenannte Gleichgewicht kein sicherer und wirklicher Friede ist. Statt daß dieser die Ursachen des Krieges beseitigt, drohen diese dadurch sogar eher weiter zuzunehmen. Während man riesige Summen für die Herstellung immer neuer Waffen ausgibt, kann man nicht genügend Hilfsmittel bereitstellen zur Bekämpfung all des Elends in der heutigen Welt. Anstatt die Spannungen zwischen den Völkern wirklich und gründlich zu lösen, überträgt man sie noch auf andere Erdteile. Neue Wege, von einer inneren Wandlung aus beginnend, müssen gewählt werden, um dieses Ärgernis zu beseitigen, die Welt von der drückenden Angst zu befreien und ihr den wahren Frieden zu schenken.

Darum muß noch einmal erklärt werden: Der Rüstungswettlauf ist eine der schrecklichsten Wunden der Menschheit, er schädigt unerträglich die Armen. Wenn hier nicht Hilfe geschaffen wird, ist zu befürchten, daß er eines Tages all das tödliche Unheil bringt, wozu er schon jetzt die Mittel bereitstellt.

Aus: Konzilshefte – Deutsch, Heft 15. Paulinus Verlag, Trier 1967, S. 93

Stellungnahmen der Kirchen zur Empfängnisverhütung

In der katholischen Kirche sind bis heute die Ansichten bezüglich der Mittel zur Empfängnisverhütung umstritten. 1968 ist ein päpstliches Lehrschreiben (Enzyklika Humanae vitae) erschienen, in dem vor „künstlichen Mitteln zur Empfängnisregelung" gewarnt wurde. Grundsätzlich ist auch in der katholischen Kirche die Verpflichtung zur verantwortlichen Familienplanung unumstritten. Nur besteht bezüglich der anzuwendenden Mittel keine Einhelligkeit. Verschiedene namhafte katholische Moraltheologen sind der Meinung, daß die Ehepartner selbst über die jeweils für sie geeignet erscheinenden Mittel allein verantwortlich entscheiden müßten. Die katholischen deutschen Bischöfe dazu: „Mit dem II. Vatikanischen Konzil ist daran festzuhalten, daß die Frage, ob und unter welchen Umständen eine Geburtenregelung zulässig ist, nicht der Willkür der Ehepartner überlassen werden kann. Die Antwort darauf muß von ihnen in gewissenhafter Prüfung nach objektiven Normen und Kriterien gesucht und gefunden werden. Der konkrete Weg einer verantwortlichen Elternschaft darf weder die Würde der menschlichen Person verletzen noch die Ehe als Gemeinschaft fruchtbarer Liebe gefährden." [...]

In der Denkschrift zu Fragen der Sozialethik, die die evangelische Kirche in Deutschland herausgegeben hat, wird u. a. ausgeführt, daß „nach christlichem Verständnis Zeugungsfähigkeit und Fruchtbarkeit von Mann und Frau eine Gabe Gottes sind, die es bewußt verantwortlich zu verwalten gilt. ... Eheleute sollten bereit sein, Kinder zu haben und Eltern zu werden. ... Zur Empfängnisregelung stehen verschiedene Mittel und Methoden zur Verfügung. Sie wirken auf den Menschen als Gesamtpersönlichkeit und beeinflussen das Miteinanderleben. Darum erfordert ihre Anwendung das andauernd freie Einverständnis beider Partner. Bei der Wahl der Mittel und Methoden sind neben ethischen auch ärztliche und psychologische Gesichtspunkte maßgebend. Zwischen natürlichen und künstlichen Methoden zu unterscheiden (wobei die einen erlaubt, die anderen abgelehnt werden) ist unsachgemäß. Empfängnisregelung setzt sachverständige Beratung voraus; bei bestimmten Methoden, auch der hormonalen Verhütung, muß ein Arzt hinzugezogen werden. Alle Verfahren, die begonnenes Leben antasten oder zum Abbruch einer Schwangerschaft führen, sind als Methoden der Empfängnisregelung auszuschließen."

Aus: Sexualerziehung. Handreichungen für den Lehrer, mit Beiträgen von J. Werner u. a. Ernst Klett Verlag, Stuttgart 1974, S. 214 f.

Versuch einer theologischen Bewertung der Gen-Technologie

Bei der modernen Gentechnik steht die unantastbare Würde menschlichen Lebens auf dem Spiel. Nach biblischem Verständnis ist diese Würde in der natur-

wissenschaftlich nicht herleitbaren Gottesebenbildlichkeit des Menschen begründet. Dies gilt vom Beginn des menschlichen Lebens an und reicht über den Tod hinaus. Nach theologischer Auffassung beruht der besondere Wert menschlichen Lebens nicht auf der Überlegenheit gegenüber dem Tier. Er ist vielmehr darin begründet, daß jedes menschliche Leben immer eine Schöpfung Gottes ist, auch wenn es „in vitro“ gezeugt wurde. Nach biblischem Verständnis gibt es keinen Menschen, der als Geschöpf Gottes nicht unter der göttlichen Zielbestimmung steht, daß er in Jesus Christus geliebt, erlöst und für wert geachtet ist, in der Gemeinschaft mit Gott dem Vater zu leben und Verantwortung für die Schöpfung und die anderen Geschöpfe zu tragen. In dem Prophetenwort Jesaja 43 kommt die besondere Würde des Menschen zum Ausdruck: „So spricht der Herr, der dich geschaffen hat: Ich habe dich bei deinem Namen gerufen, du bist mein.“ Entsprechend dieser biblischen Grundbestimmung ist menschliches Leben zu achten und zu behandeln. Martin Luther hat von der „fremden Würde“ (dignitas aliena) gesprochen, die Gott dem Menschen wie eine goldene Kette um den Hals legt. Der Mensch trägt ein Gütesiegel an sich, das ihn schützt und verpflichtet: Fürchte dich nicht, du bist mein. [...]
Die Theologie ist sich darin einig, daß es sich auch bei den frühesten Entwicklungsstadien nicht um ein untermenschliches „Etwas“, sondern um werdendes menschliches Leben handelt. Wenn in den Empfehlungen des „European Medical Research Council“ von den frühesten Entwicklungsstadien als von „Präimplantationsprodukten“ geredet wird, dann ist diese Wortwahl zumindest verräterisch. Denn je niedriger man den Wert dieser frühen Stadien ansetzt, umso leichter sind Experimente mit Embryonen zu rechtfertigen. Professor Hans Martin Sass empfiehlt, den Zeitpunkt, bis zu dem verbrauchende Experimente mit Embryonen durchgeführt werden dürfen, bis zur abgeschlossenen Ausbildung der Grundstrukturen des Zentralnervensystems (also bis etwa zum 35. Tag post fertilisationem) auszudehnen. Zur Begründung führt er an, daß ein funktionierendes Gehirn unabdingbare Voraussetzung für z. B. die Schmerzempfindlichkeit und vor allem für psychische und geistige Leistungen sei, die wiederum für menschliches Leben konstitutiv wären. Wie immer man den Wert des werdenden Lebens gegenüber der entfalteten menschlichen Persönlichkeit abgestuft denkt, die Teilhabe an der Würde des Menschseins kann keiner Entwicklungsstufe abgesprochen werden. Der Genetiker und Nobelpreisträger (1962) James D. Watson schlug vor, einem Menschen die Menschenwürde erst dann zuzusprechen, wenn er geboren und auf seinen Gesundheitszustand getestet ist. [...]
Der christliche Glaube wendet sich gegen den „Mythos der Machbarkeit“, dem alles andere unterzuordnen ist. Nach christlicher Auffassung ist die vorfindliche Natur nicht nur Gottes Schöpfung, sondern sie ist zugleich gefallene und gestörte Schöpfung. Zu den zerstörerischen Faktoren gehören auch schwere Krankheiten, die nicht nur passiv hinzunehmen, sondern zu bekämpfen und einzudämmen sind, freilich nicht um jeden Preis und mit jedem Mittel.
Der christliche Glaube hat – um mit Albert Schweitzer zu reden – „Unruhe zu stiften gegen eine Gedankenlosigkeit, die sich als Sachlichkeit ausgibt, und damit bedenkenlos den technischen Machbarkeiten folgt“. Er hat darauf aufmerksam zu machen, daß es neben der Gesundheit noch andere Werte gibt, von deren Beachtung die Humanität der Gesellschaft abhängt. Dazu gehört z. B. die grundsätzliche Achtung vor dem Leben und sein Schutz vor dem Gebrauch als reinem

Mittel zum Zweck. Die Humanität der Gesellschaft hängt auch davon ab, ob und wie wir fähig und bereit bleiben zum Ertragen von Leiden und zum helfenden Mitleiden.
Professor Martin Honecker hat es zutreffend formuliert: „Der Traum von einer Welt ohne Leiden und Übel ist ein realitätsferner Traum, und wer ihn zu verwirklichen sucht, wird geblendet vom Fortschrittsoptimismus und in der finsteren Nacht biotechnischer Menschenzüchtung aufwachen." Und er fügt hinzu, welche Konsequenz das Bekenntnis der Christen zum gekreuzigten Christus hat: „Das Kreuz Christi weist die Christen an die Schwachen und Behinderten und gibt sie in deren Verantwortung. Wenn der christliche Glaube seinen eigenen Ursprung am Kreuz Christi ernst nimmt, dann wird er offen sein für alles, was konkret menschliche Not zu wenden vermag, aber er wird nicht einer abstrakten allgemeinen Notwendigkeit individuelles Leben opfern können".
Es ist eine Illusion, wenn man meint, durch verbesserte Gentechnik das Behindertenproblem lösen zu können. Die Frage des richtigen Umgangs mit Behinderten wird nicht dadurch gelöst, daß man Behinderte beseitigt, sondern daß wir lernen, mit behinderten Mitmenschen zu leben. Sie sind genauso wie wir: Gottes geliebte Geschöpfe. Es frommt nicht alles, wenn es ums Leben geht – vor allem, wenn es ans Leben geht.

Aus: Gerhard Röckle, Es frommt nicht alles – wenn's ums Leben geht. Bio- und Gentechnologie. Eine Orientierung aus dem Diakonischen Werk der Evangelischen Kirche Deutschlands. Hrsg. von der Redaktion DIAKONIE, Eigenverlag, Stuttgart, Mai 1988, S. 28–31

Aufgaben zu Teil V,7: Die christliche Ethik

- ▷ Erörtern Sie den Begriff der christlichen Nächstenliebe und stellen Sie ihn neben die mahâyâna-buddhistischen Begriffe des Mitleids und der Liebe zu allen Wesen (S. 61 f.) und neben das jüdische Gebot der Nächstenliebe (S. 84). Wo liegen die Gemeinsamkeiten, wo die Unterschiede?
- ▷ Der islamische Theologe Seyyed Hossein Nasr (Ideals and Realities of Islam, London, [2]1975, S. 30 ff.) glaubt feststellen zu dürfen, daß christliche Krieger zu allen Zeiten in keiner Weise rücksichtsvoller oder großmütiger als Muslime gekämpft hätten. Ja, es sei kein Zufall, daß die schrecklichsten und totalitärsten Kriege dieses Jahrhunderts im vom Christentum beherrschten Westen begonnen hätten. In der Tat kann nicht geleugnet werden, daß sich die christliche Kirche immer wieder im Verlauf ihrer Geschichte nicht nur für den Krieg und die damit verbundene Aufrüstung ausgesprochen, sondern sich auch oft genug an beiden aktiv beteiligt hat (Kreuzzüge, Conquista etc.). Noch heute vertreten die meisten ihrer Kirchen – wie im übrigen auch der Islam und, in etwas abgewandelter Form, das Judentum und sogar der Hinduismus – die Lehre vom „gerechten Krieg". Sprechen Sie vor diesem Hintergrund die Stellungnahme der katholischen Kirche zum Wettrüsten (S. 100) durch.
- ▷ Fassen Sie die Stellungnahmen der Kirchen zur Empfängnisverhütung kurz mit eigenen Worten zusammen und diskutieren Sie ihre Inhalte.
- ▷ Erläutern Sie den im Quellentext auf Seite 96 mit Blick auf Augustin gefallenen Ausdruck „ethische Leistungsreligion". Untersuchen Sie bei welchen Religionen bzw. religiösen Sonderformen die Anwendung dieses Ausdrucks Sinn ergibt, bei welchen nicht.

Glossar

Abhisheka: indisches Wort für Taufe, wobei der Taufritus wesentlich stärker als bei uns unter magisch-religiösen Gesichtspunkten vollzogen gedacht wird

anthropomorph: menschengestaltig

Avatara: in Indien Ausdruck für die Herabkunft eines Gottes, insbesondere des Gottes Vishnu, auf Erden

Bhagavadgita: Gesang des Erhabenen, ein aus 18 Kapiteln bestehendes religiöses Lehrgedicht aus vorchristlicher Zeit, das als in sich geschlossener Abschnitt dem altindischen Epos Mahabharata eingefügt ist. Die wohl bekannteste und am weitesten verbreitete Überlieferungsschrift des Hinduismus.

bhakti: sanskrit. für Liebe des Menschen zu Gott bzw. Liebe Gottes zu den Menschen. Der Bhaktimarga stellt einen personalisierten indischen Erlösungsweg dar, der im heutigen stark von den beiden Hochgöttern Shiva und Vishnu geprägten Hinduismus eine sehr große Verbreitung erlangt hat.

Caritas: lateinisch für Liebe, speziell in der katholischen Kirche Sammelausdruck für sozial und religiös motivierte Liebestätigkeit; Name des Kath. Wohlfahrtsverbandes

Dhammapadam: Sammlung von Worten der Lehre vom Gesetz; eines der bekanntesten, aus ca. 430 Versen bestehenden buddhistischen Lehrgedichte aus der großen buddhistischen Textsammlung des Tripitaka

Dharma: sanskrit. für Gesetz, Lehre, Religion, im Hinduismus gelegentlich benutzt, um die Gesamtheit aller seiner Lehren und Systeme zusammenfassend zu bezeichnen, im Buddhismus außerdem verwendet zur Kennzeichnung der Daseinserscheinungen, der Bedingungen des Seins und der Geist-Objekte, aus denen die sich ständig neu bildende Wirklichkeit besteht

Diamantfahrzeug: s. Vajrayana

Hakuin: berühmter japanischer Zen-Meister (1685–1768)

Imitatio Christi: lateinisch für Nachahmung Christi, das auf Matth. 16,24 zurückgehende, besonders von der christlichen Mystik und Ethik vertretene Ideal christlicher Lebensführung, in der die Ähnlichkeit mit dem Wirken und der Haltung Jesu vom Menschen immer wieder auf's neue angestrebt werden soll

Janeramai: Hochgott der Guarasug'wä in Ostbolivien

Kasuistik: eine bis ins letzte Detail gehende Auflistung von Moralvorstellungen zu dem Zweck, alle neu erdenklichen Einzelfälle ethischen Verhaltens vorab normativ entscheiden zu können

Katharer: von griechisch katharoi: die Reinen, Anhänger einer seit dem 12. Jahrhundert in Südfrankreich und Oberitalien verbreiteten religiösen Bewegung, die einen strikten Dualismus des Kampfes zwischen dem Teufel, dem bösen Gott des Alten Testamentes, und dem guten Gott des Neuen Testamentes und seinem reinen Engel Christus lehrt. Erlösung ist Selbsterlösung. Sie geschieht durch Mitgliedschaft in der Bewegung und völlig Enthaltsamkeit von weltlichen Dingen.

Karmagesetz: das Sanskritwort Karma ist die indische Bezeichnung für den Glauben an die nachwirkende Kraft der Taten über den engen Horizont des gegenwärtigen einen Lebens hinaus. Das Gesetz lautet: was immer ein Lebewesen in der jetzigen Existenz tut, wird sich in der nächsten und evtl. sogar übernächsten Existenz, möglicherweise sogar in noch weiteren Existenzen auswirken. Der Glaube an das Karmagesetz setzt damit den Glauben an die Wiedergeburt (sanskrit.: samsara) voraus.

Kaulika: Anhänger der hindutantrischen schwarzen Göttin Kali, die besonders in Bengalen verehrt wird und eine der vielen mythischen Verkörperungen der Gattin Shivas darstellt

Koran: die heilige Schrift des Islam, die auf den Offenbarungen beruht, die der Prophet Mohammed von Erzengel Gabriel empfangen haben will und die er seinen Landsleuten in arabischer Sprache verkündete

Mana: ein ursprünglich polynesisches Wort, das eine Kraft bezeichnet, die über alle gewöhnlichen und vertrauten Kräfte des Menschen und der Natur hinausreicht und die man über magisch-religiöse Praktiken positiv an sich zu binden versucht. Das Mana bewirkt Krankheiten und Heilung, regelt das Wetter, läßt die Zukunft erkennen, gibt dem Gift seine schädliche und dem Gegengift seine förderliche Wirkung etc.

Mandala: ein meist aus abstrakten Symbolen gebildetes Diagramm mit sowohl mikro- als auch makrokosmisch relevanter magisch-religiöser Bedeutung, wird verwendet vor allem in der tantrischen religiösen Kunst für meditative Zwecke

Mantra(m): sowohl im Buddhismus als auch Hinduismus die religiöse Formel, die als mit besonderer Erlösungskraft ausgestattet vorgestellt wird und in einer speziellen Weihe-Zeremonie dem auserwählten Schüler von seinem Lehrer ins Ohr geflüstert wird

medinisch: zu Medina gehörig; bezüglich Medina s. Mekka

Mekka: Geburtsort Mohammeds, im heutigen Saudi-Arabien gelegen, welche Stadt Mohammed nach Streitigkeiten mit dem dort mächtigen Stamm der Koreischiten 622 n. Chr. (Beginn der islamischen Zeitrechnung), etwa im Alter von 52 Jahren in Richtung Medina, einer Handelsstadt nördlich von Mekka, verlassen mußte, aber kurz vor seinem Tod im Jahre 632 n. Chr. mit einem eigenen Heer für die von ihm gelehrte Religion des Islam erobern konnte

Metanoia: griechisch für Umsinnen, ein religiöser Ausdruck des Alten Testaments, der Umkehr und Hinwendung zu Gott bedeutet

Misereor: Entwicklungshilfeorganisation der katholischen Kirche

Monotheismus: Eingottglaube, d. h. Glaube, der überhaupt nur einen Gott als den einzigen und daher auch allein zu verehrenden Gott anerkennt

Mythos: Heilige Erzählung im Sinne einer nicht hinterfragten und tief im jeweiligen Glauben verankerten